KB166884

크루서블

The Crucible

아서 밀러

다락원 WILEY
Publishers Since 1807

세계의 교양을 읽는다

고전을 왜 읽는가?

인간의 삶과 세상에 대한 영원한 물음이 있기 때문이다. 시대와 사상을 뛰어넘어 지금 여기 우리에게 필요한 물음이 없는 고전은 더이상 고전이 아니다. 인간과 삶에 대한 근원적인 물음 없이 고전을 읽는다면 자신과 인간에 대한 성찰과 지혜로 이어지지 않는다. 논술 시험 때문에, 과제물 때문에, 아니면 남들이 읽으니까, 나도 읽는다는 식이라면 그 책은 죽은 책일 수밖에 없다.

고전을 살아 있는 책으로 만드는 이 '물음!'에 답하기 위해서는 좋은 길잡이가 필요하다. 40년 이상 미국의 고교생과 대학 주니어들이 시험, 에세이 작성, 심층토론 준비를 위해 바이블처럼 애용해온 'CliffsNotes'와 'SPARKNOTES'는 바로 그런 좋은 길잡이의 표본이다. 이 두 시리즈가 원조 논술연구모임인 '일이관지(一以貫之)' 팀의 촌철살인적 해설을 곁들여 〈다락원 명작노트〉로 재탄생해 논술로 고민중인 대한민국 학생 여러분을 찾아간다.

CliffsNotes와 SPARKNOTES의 가장 큰 장점은 방대하고 난해한 고전을 Chapter별로 요약하고 분석해서 원전의 내용에 보다 쉽고 체계적으로 접근하는 신속·간편성이라고 할 수 있다. 여기에 '一以貫之'팀이 원전의 중요한 문제의식, 즉 근원적 '물음'은 무엇이며, 그 '물음'은 오늘날에도 여전히 유효한가, 라는 질문을 다시 던진다.

대입논술로 고민하고, 자칭 타칭의 고전이 넘쳐나는 오늘의 독서풍토에서 지적 정복이 긴박한 대한민국 학생들에게 감히 이 시리즈를 자신 있게 권한다.

一以貫之 논술연구모임 연구실장 이호곤

이 책의 활용법

CliffsNotes와 SPARKNOTES는 방대한 원작을 보다 쉽게 이해할 수 있도록 돕는 안내서입니다. 원작 이해를 돕기 위해 작가와 작품에 대한 배경지식, 그리고 매 장마다 간단한 '줄거리'와 '풀어보기'가 실려 있습니다. '줄거리'를 통해서는 원작의 내용을 명쾌하게 파악함으로써 독서의 즐거움을 느낄 수 있을 것입니다. '풀어보기'에는 원작에 담긴 문학적 경향, 등장인물의 심리상태, 시대상, 주제 등을 설명해 놓았습니다. 비판적 글읽기의 바탕이 되는 요소들이죠. 비판적 글읽기는 소설과 비소설 작품을 막론하고 책을 읽을 때 꼭 필요한 자질입니다.

그 밖에도 작품을 좀더 심오하게 분석할 수 있도록 '마무리 노트', 'Review' 등을 마련해 놓아 독자 여러분의 글읽기를 돕고 있습니다.

CliffsNotes에는 특히 관심을 갖고 읽어야 할 필수요소를 강조하기 위해 다음 네 가지 아이콘을 사용하고 있습니다.

 작품 속에 내재된 주제를 드러내줍니다.

 등장인물의 속내를 알 수 있도록 도와줍니다.

 배경, 분위기, 열정, 폭력, 풍자, 상징, 비극, 암시, 불가사의 등의 요소를 밝혀줍니다.

 단어와 문구의 미묘한 느낌을 감상할 수 있도록 해줍니다.

* 〈　〉는 장편소설, 중편소설, 논픽션, 시집. "　"는 수필집, 단편소설

○ 일이관지(一以貫之) 논술 노트
권말에는 一以貫之 논술팀에서 작성한 논술 노트가 실려 있습니다. 원작을 우리의 삶과 연계시켜 비판적 사고와 논리적 글쓰기의 방향을 제시합니다.

○ 실전 연습문제
실전 연습문제를 통해서는 원작을 바탕으로 출제 가능성이 높은 논점을 함께 숙고해 봅니다.

작가 노트

작가의 생애

아서 밀러 Arthur Miller는 1915년 9월 17일 할렘에서 폴란드 이민자인 이시도 밀러와 오거스타 밀러의 아들로 태어났다. 아버지가 옷가게로 성공해 그 가족은 유복하게 살았다. 그러나 풍족한 삶은 1929년의 경제 공황으로 막을 내렸다. 같은 해 재정적 곤란으로 밀러 가족은 브루클린으로 이사했다.

밀러는 1933년 뉴욕에서 고등학교를 졸업하고 코넬 대학교와 미시건 대학교에 지원했지만 모두 낙방했다. 후에 미시건 대학교에 입학하기 전까지 라디오 프로그램의 사회를 보는 등 여러 가지 일을 했다. 언론학을 전공한 그는 미시건 데일리의 편집책임자가 되었고, 연극에 발을 들이기 시작했다.

1939년, 미시건 대학교 졸업 후 페더럴 극장에서 희곡을 썼다. 페더럴 극장은 일이 없는 작가들, 배우들, 감독들, 디자이너들에게 일자리를 제공했다. 이 극장은 1939년 말에 의회에 의해 폐쇄되었다.

주요 경력

밀러는 60여년 동안 많은 작품을 썼다. 26편의 희곡, 소설 〈초점 Focus〉(1945), 여러 편의 여행기, 단편집 〈더 이상 당신이 필요하지 않아요 I Don't Need You Anymore〉(1967),

자서전 〈타임벤드: 한 생애 *Timebends: A Life*〉(1987)를 집필했다. 밀러의 희곡들은 주로 사회적인 문제를 제기하면서, 사회적 딜레마에 빠진 개인 또는 사회에 휘둘리는 개인에 초점을 맞추고 있다.

1936년에 공연된 밀러의 첫 번째 희곡 〈악당은 없다 *No Villain*〉는 파업으로 파멸에 직면한 개인을 통해 마르크스의 이론과 내적 갈등을 탐구하고 있다. 〈새벽 의식 *Honors at Dawn*〉(1937) 역시 파업과 경제에 대한 여러 시각을 다루지만 개인이 자신의 생각을 말하지 못하는 것에 초점을 맞추고 있다. 〈대저항 *The Great Disobedience*〉(1938)은 교도소 제도와 자본주의를 연결하고 있다. 〈황금시대 *The Golden Years*〉(1940)는 자본주의와 운명이 개인에게 미치는 영향뿐 아니라 멕시코를 약탈하는 코르테스*의 이야기를 한다.

밀러는 1941년에 두 편의 라디오 극 〈인상이 좋은 사람과 남자다웠던 전문 배관공 *The Pussycat and the Expert Plumber Who Was a Man*〉과 〈윌리엄 아일랜드의 고백 *William Ireland's Confession*〉을 발표했다. 밀러의 세 번째 라디오 극 〈네 개의 자유 *The Four Freedoms*〉는 1942년에 발표되었다.

〈행운아 *The Man Who Had All the Luck*〉(1944)는 자신

---

* **코르테스**(Hernan Cortes, 1485 - 1547) 스페인 출신의 멕시코 정복자. 1521년 멕시코 식민지를 건설하고, 1523년 총독에 임명됨.

의 삶을 제어하지 못하며 오히려 우연의 희생자라고 믿는 한 사람의 이야기다. 〈모두가 내 아들 *All My Sons*〉(1947)은 과거의 결정이 개인의 현재와 미래에 미치는 영향을 탐구한다. 〈세일즈맨의 죽음 *Death of a Salesman*〉(1949)은 한 인간이 자신과 사회의 변화를 받아들이지 못할 뿐만 아니라 정체성을 상실하는 문제를 제기한다. 〈크루서블 *The Crucible*〉(1953)은 세일럼에서 벌어진 마녀재판을 이상과 신념에 충실하려는 개인의 투쟁뿐만 아니라 편집증적인 히스테리에 초점을 맞춰 재현한다.

〈다리에서 본 풍경 *A View from the Bridge*〉(1955)은 세 사람과 그들의 범죄 경험을 자세하게 묘사한다. 〈타락 이후 *After the Fall*〉(1964)는 인간의 특성인 배반에 초점을 맞춘다. 〈비시에서 일어난 일 *Incident at Vichy*〉(1964)은 한 사람이 죄와 책임 사이에서 벌이는 투쟁을 다룬다. 〈대가 *The Price*〉(1968)는 자유의지와 책임의 부담에 직면한 한 개인의 이야기를 한다.

〈명성 *Fame*〉(1970)은 곤란에 직면해 있지만 깨닫지 못하는 한 유명 극작가의 이야기다. 〈미국의 시계 *The American Clock*〉(1980)는 대공황과 그것이 개인에게 미치는 영향에 초점을 맞춘다. 〈숙녀를 위한 엘레지 *Elegy for a Lady*〉(1982)는 죽음과 그것이 인간관계에 미치는 영향을 제시한다. 〈어떤 사랑 이야기 *Some Kind of Love Story*〉(1982)는 사회와 정의의 타락을 중심에 두고 있다.

〈모건 산에서의 승마 *The Ride Down Mountain Morgan*〉(1991)는 자신이 원하는 것은 무엇이든 얻을 수 있다고 믿는 한 사람의 이야기다. 〈마지막 양키 *The Last Yankee*〉(1993)는 결혼생활에서 발생하는 개인들의 변화하는 요구와 그 결과로 생기는 긴장을 탐구한다. 〈깨진 잔 *Broken Glass*〉(1994)은 고통을 피하기 위한 도구로 부인(否認)을 이용하는 개인들의 이야기를 하고 있다. 1996년에는 〈크루서블〉의 영화대본을 썼다.

그는 수많은 명예와 상을 받았다. 미시건 에이버리 홉우드 상(Michigan's Avery Hopwood Award)(1936, 1937), 극장조합 신작극국 상(Theatre Guild's Bureau of New Plays Award)(1937), 뉴욕 드라마비평가협회 상(New York Drama Critic's Circle Award)(1947, 1949), 퓰리처 상(Pulitzer Prize)(1949), 앙트와네트 페리 도널드슨 상(Antoinette Perry and Donaldson Awards)(1953), 국립문학예술협회(National Institutes of Arts and Letters)가 수여한 드라마 황금메달(Gold Medal for Drama)(1959)이 들어 있다. 1965년에는 펜클럽 회장으로 선출되기도 했다.

작품 노트

작품의 개요

1950년대의 매카시 청문회*에서 영감을 얻은 아서 밀러의 희곡 〈크루서블〉은 세일럼에서 벌어진 마녀재판의 모순점들과 어두운 욕망과 감춰진 목적에 기인하는 극단적인 행동에 초점을 맞추고 있다.

밀러는 이 희곡을 세일럼의 마녀재판에 관한 역사적 설명에 토대를 두고 있다. 여러 명의 어린 처녀들과 한 명의 노예가 숲에서 놀며 망령들을 불러내려고 한다. 그 처녀들은 그들의 행동에 대해 당연히 엄중한 처벌을 받아야 하지만 오히려 세일럼의 다른 주민들을 마녀행위 혐의로 고발한다. 얄궂게도 자신들이 저지른 바로 그 행위로 다른 사람들을 고발함으로써 처벌을 피했던 것이다. 이런 필사적인 손가락질은 집단광기와 모든 사람을 잠재적인 마녀로 모는 공포 분위기를 초래한다. 체포되는 사람들이 늘어나면서 세일럼 공동체의 불신도 커진다. 불신과 고발과 체포와 유죄판결이 끊임없이 반복된다. 1692년 말, 세일럼 법정은 열아홉 명의 남녀에게 유죄선고를 내리고 처형했다.

---

* **매카시 청문회**: 1950년대 초 미국의 정치가 매카시가 미국내 공산주의자를 색출한다는 명분 아래 무분별한 숙청작업을 주동하여 특별조사위원회를 조직해 청문회를 연다. 이 당시 거세게 몰아쳤던 반공산주의 선풍을 가리켜 매카시즘(McCarthyism)이라고 한다. 이 파문은 선정적인 색채를 띠기 시작하면서 정치권과 대중의 외면을 받게 되었다.

밀러는 이 희곡에서 그 역사적 시기와 청교도 문화를 상기시키는 분위기를 조성한다. 세일럼 주민들은 억압적인 사회에서 살았다. 비록 청교도들은 종교적 박해를 피해 영국을 떠났지만 새로 건설한 사회는 종교적 불관용에 토대를 두었다. 청교도들은 신앙심과 정직과 성실을 육체노동과 교리의 엄격한 준수를 통해 증명했으며, 물질적·육체적 욕구, 특히 성욕은 악마의 행위이자 사회에 대한 위협으로 간주했다. 성경과 목사의 성경 해석으로 사회적으로 용인되는 행동이 무엇인지 결정되었다. 청교도들은 부적절하고 받아들일 수 없는 행동에는 관용을 베풀지 않았으며, 개인들이 탈선하면 공개적으로 엄하게 처벌했다. 밀러는 그 시기의 불관용과 종교적 광신을 포착해 희곡 속에 효과적으로 통합해 놓았다.

그 당시 진행된 세일럼의 마녀재판과 편집증적 광란을 글로 읽는 것이 한 가지 경험이라면, 그 재판을 직접 목격하는 것은 전혀 다른 경험이다. 밀러는 얼굴 없는 이름들을 역사로부터 되살려내 등장인물들이 욕망과 감정과 자유의지를 갖고 숨 쉬게 함으로써 독자들이 그 재판을 직접 목격하게 해준다. 그러나 역사적 기록에 언급된 몇몇 사람들의 나이와 배경과 직업은 밀러가 바꾸었다. 예를 들면, 존 프락터와 아비게일 윌리엄스가 정사를 갖는 줄거리가 가능하도록 두 사람의 나이차를 60세와 11세에서 각각 35세와 17세로 설정한다. 프락터와 아내 엘리자베스는 농장뿐만 아니라 여인숙을 운영했지만 이런 내용은 삭제한다. 프락터의 친구 자일즈 코리는 실제로는 프락터가 처형되고 나서 한 달 후 죽게 되지만 그의 죽음과 프락터의 죽음을 나란히 둔다. 끝으로, 프락터에게는 마녀행위를 자백하려 하지 않았기 때문에 고문당한 아들이 하나 있었다는 사실은 극중에서는 생략한다.

비록 실제 개인들이 어떻게 생각하거나 느끼거나 믿었는지는 아무도 확실하게 알 길이 없지만, 밀러가 끌어들인 극중 인물들의 동기는 신뢰할 만한 동시에 그 사회에 들어맞는 사실적인 시나리오를 제공해 준다. 예를 들면, 매카시즘이 미국을 편집증과 공포로 몰아넣은 1950년대에 이 연극이 초연되었을 때, 관객들은 그 줄거리와 관련 있을 수 있었다. 당시 미국인들은 공산주의자로 낙인찍히지 않기 위해 친구들을 밀고하고 있었기 때문이다.

비록 매카시즘은 역사 속으로 사라졌지만, 인간의 심리와 행동에 관한 밀러의 탐색은 이 희곡을 영원한 걸작으로 만들었다. 이 작품은 한편으로는 미국 역사에서 특히 어두운 한 시기를 다루고 있다. 그것은 악마가 세일럼 거리를 돌아다니고 있으며, 누구에게나 심지어 가까운 이웃과 가족에게서 나타날 수 있다고 믿었던 시대였다. 그리고 다른 한편으로는 마녀사냥과 세일럼에서 일어났던 사건에 대한 논의를 넘어 동기부여와 그것에 수반된 행동을 탐구하면서 어두운 욕망과 감춰진 목적이 어떻게 전개되는지 보여준다.

아비게일은 운명을 바꿀 기회를 잡는다. 프락터와 정사를 가진 것이다. 그러나 프락터는 아내에 대한 죄의식과 신의로 인해 더 이상 관계를 지속하려 하지 않는다. 아비게일은 프락터의 아내를 마녀행위로 고발해 그녀를 제거할 기회로 삼는다. 그 고발로 아비게일은 프락터와 결혼할 수 있는 한편, 세일럼 공동체에서 그녀의 위상을 끌어올릴 수도 있다. 비록 아비게일은 법정에서 주요 증인이 된 것을 즐기지만 주된 욕망은 프락터를 차지하는 것이다. 그리고 이것을 실현하기 위해서라면 자해와 살인을 포함해 무슨 짓이든 할 수 있다.

푸트넘 가족 역시 기회를 잡는다. 왕의 특허장이 1692년에 폐지되어 원래의 토지소유권이 쓸모없게 되자 재산권에 위기가 찾아왔다. 개인의 토지소유권은 언제든지 다시 양도될 수 있기 때문에 더 이상 토지소유권에 안심할 수 없었다. 그 결과, 이웃 사람들은 서로를 불신했으며, 재산권과 소유주임을 밝혀줄 증서와 관련해 불화가 생겼다. 밀러는 푸트넘이란 인물을 통해 이러한 그 시대의 양상을 이야기에 끌어들였다. 아비게일처럼 감춰진 목적 — 주로 토지에 대한 탐욕 — 이 푸트넘을 압도한다. 그 역시 욕망을 충족시키기 위해서라면 무슨 짓이든 마다하지 않을 것이다. 비록 그것이 이웃 사람들을 마녀행위로 거짓 고발해 살해하는 것을 의미하더라도 그들이 처형된 후 그들의 땅을 살 수만 있다면 개의치 않는다.

〈크루서블〉은 이 희곡에 꼭 들어맞는 제목이다. '크루서블 crucible'은 도가니, 즉 뜨거운 열을 견딜 수 있는 용기(容器)다. 그것은 또한 '호된 시험'으로도 정의된다. 이 용어는 이야기의 맥락 속에서 새로운 의미를 지닌다. 즉 '크루서블'은 하나의 시험일 뿐만 아니라 개인의 진정한 성격을 변화시키거나 드러내도록 계획된 시험이다. 마녀재판은 비유적인 도가니의 기능을 한다. 그것은 등장인물들의 겉껍질을 태워버리고 그 밑에 내재된 진정한 의도와 성격을 드러나게 한다. 이 희곡에서 밀러는 등장인물들을 둘러싸고 있는 여러 층의 껍질을 주의 깊게 벗겨내 관객이 그들의 동기를 확인하고, 그들의 행동을 통해 그(녀)의 성격을 재평가할 수 있게 해준다. 바꿔 말하면, 관객은 등장인물이 시험 치르는 것을 관찰하며, 궁극적으로는 그(녀)가 시험에 통과하는지 결정한다.

프락터는 훌륭한 예(例)다. 그는 혼외정사로 인해 아내 엘리자베스의 호의뿐만 아니라 자기 안의 호의도 잃게 된다. 그는 자신이 저주를 받았으며 어쩌면 자존심과 도덕성은 물론이고 엘리자베스의 사랑과 존경심도 되찾을 수 없을 것이라고 믿는다. 프락터는 엘리자베스를 변호하러 법정에 설 때 혹독한 시험을 치른다. 아내를 구하기 위해 자신의 죄를 공개적으로 밝혀야 하며, 그 결과 명예를 잃는다. 비록 그는 법정에서 명예를 포기하지만 이야기의 끝부분에서 자필 서명한 자백서를 파기함으로써 그것을 회복한다. 관객은 이야기가 전개됨에 따라 프락터를 주시하며, 그의 동기와 그가 치르는 여러 '시험'에서 보이는 반응을 통해 그의 행동을 판단한다. 또한 등장인물들을 관찰하면서 시험을 받고, 욕망 ― 즐거움에 대한 욕망처럼 긍정적인 욕망이든 정욕, 탐욕, 질투 같은 부정적인 욕망이든 ― 이 삶의 일부라는 것을 인정하게 된다. 욕망이 개인의 행동에 영향을 미친다는 인식은 관객을 몰입하도록 만든다. 〈크루서블〉은 4막으로 구성되어 있다. 그러나 밀러는 장을 나누지는 않았다. 하지만 장소의 변화와 등장인물들의 등장과 퇴장에 따라 각각의 막을 여러 개의 장으로 구분할 수 있다.

이 희곡의 원본에는 존 프락터와 아비게일이 숲에서 만나는 장면이 포함되어 있었다. 그러나 밀러는 그 2막 2장이이 극의 역동성을 바꿔놓았기 때문에 그것을 삭제하기로 했다. 이 장면은 으레 출판본에서는 부록으로 포함되지만 실제 공연에는 좀처럼 나오지 않는다.

줄거리

1692년 매사추세츠 주 세일럼, 패리스 목사의 집. 그의 딸 베티는 의식이 없는 상태로 누워 있으며 많이 아파 보인다. 전날 밤 자정 무렵 패리스는 베티와 조카딸 아비게일과 흑인 노예 티투바가 숲에서 춤추는 것을 보았는데, 베티는 춤 때문에 기절했다. 그 지방의 의사는 베티가 걸린 병의 원인을 알아낼 수 없다. 푸트넘 부부가 와서 자기들의 딸 루스도 아프다고 밝힌다. 마을에는 이상한 원인에 대해 이야기가 나돈다.

아비게일은 친구 머시 루이스와 프락터의 하녀 메리 워렌에게 그들이 숲에서 마법을 걸고 있었다는 것을 밝히지 말라고 한다. 베티가 깨어나자, 아비게일은 다른 소녀들에게 자기가 프락터 부인을 죽이기 위해 피를 마시고 마법을 걸었다는 것을 아무에게도 말하지 말라고 무섭게 위협한다. 베티는 다시 의식을 잃는다.

존 프락터와 아비게일은 예전 관계에 대해 은밀히 이야기를 나눈다. 극이 시작되기 전, 아비게일은 프락터의 집에서 하녀로 일했다. 그때 엘리자베스 프락터가 아파서 아비게일은 집안일을 더 많이 떠맡았다. 엘리자베스는 남편과 아비게일의 정사를 알아채자 그녀를 내쫓았다. 논쟁을 벌이는 동안 아비게일은 프락터가 그녀에 대한 어떤 감정도 인정하려 하지 않자 화를 낸다.

베티는 다시 깨어나 히스테리 발작을 일으킨다. 매우 존경받는 레베카 너스가 패리스의 집을 찾아와 그녀를 진정시킨다. 레베카는 패리스에게 베티가 걸린 병의 원인을 마녀 행위로 보는 것은 세일럼에 위험한 선례를 남기고 더 많은 문제를 초래할 것이라고 경고한다. 푸트넘은 레베카에게 루스를 찾아가 그녀를 깨워 보라고 부탁한다. 루스는 푸트넘의 자식들 중 유일하게 살아남았다. 푸트넘 부인은 어린 자식을 일곱이나 잃었지만 레베카의 아이들은 모두 건강하기 때문에 그녀를 시기한다.

푸트넘, 프락터, 자일즈 코리는 패리스의 월급과 다른 예상되는 일들을 놓고 패리스와 논쟁을 벌인다. 패리스는 사람들이 자기를 마을에서 내쫓으려 하고 있다고 주장하며, 월급 계산에 이의를 제기한다. 그리고 나서 푸트넘과 프락터와 자일즈 코리는 재산의 경계와 소유권을 두고 논쟁한다. 푸트넘은 프락터가 남의 땅에서 나무를 훔쳤다고 비난한다. 그러나 프락터는 그 땅을 5개월 전에 프랜시스 너스에게서 구입했다고 되받아친다. 푸트넘은 프랜시스에게는 그 땅에 대한 권리가 없다고 주장한다.

다른 도시에서 헤일 목사가 세일럼에서 일어난 이상한 사건을 조사하기 위해 온다. 세일럼 사람들은 마녀행위가 아이들이 걸린 병의 원인인지 판단하기 위해 그를 불렀다. 헤일은 소녀들이 티투바와 함께 숲에서 춤을 추었으며, 티투바는 망령들을 불러낼 수 있다는 얘기를 듣는다. 아비게일이 티투바가 자기를 꾀어서 죄를 짓게 했다고 비난하자, 헤일이 티투바에게 질문한다. 그녀는 굿 부인, 오스번 부인과 마찬가지로 악마를 보았다고 인정한다. 아비게일 역시 마녀행위를 고백하고, 자신을 악마에게 바쳤지만 이제 회개하고 있다고 말한다. 베티가 깨어난다. 그녀와 아비게일은 악마를 보았다는 사람들의 이름을 댄다.

8일 후, 엘리자베스는 프락터가 세일럼에 있는 동안 아비게일과 은밀하게 이야기를 나눈 사실을 알게 된다. 엘리자베스와 프락터는 이것 때문에 다툰다. 세일럼에서 법원 관리로 일하는 메리 워렌은 집으로 돌아와 법정에 앉아 있는 동안 엘리자베스를 위해 만든 인형을 그녀에게 건넨다. 메리 워렌은 프락터에게 몇몇 처녀들이 엘리자베스를 마녀행위로 고발했지만 자신의 변호로 법원에서 기각되었다고 말한다.

프락터의 집에 당도한 헤일은 그에게 교회에 잘 나가지 않는 이유를 묻고는 십계명을 말해 보라고 한다. 프락터는 아홉 개는 말하지만 간통을 금하는 계율을 잊어버린다. 헤일은 엘리자베스에게도 같은 질문을 한다. 프락터는 아비게일이 마녀행위에 대한 고발은 허위임을 자기에게 인정했다고 밝힌다.

그때 헤릭 보안관이 도착해서 엘리자베스를 체포한다. 그 일에 앞서 아비게일은 저녁을 먹다가 바늘로 찌르는 고통을 느끼자 엘리자베스가 살인을 기도했다고 고발한다. 세일럼 관리들이 프락터의 집을 수색해 바늘과 함께 인형을 발견한다. 헤일은 메리 워렌에게 진상을 물어보고는 그녀가 그 인형을 기웠고 그 안에 바늘을 넣어두었다는 것을 알게 된다. 메리 워렌은 또한 그 모든 것을 아비게일이 보았다고 말하지만 엘리자베스는 체포된다.

법정은 마사 코리와 레베카 너스의 마녀행위에 대해 유죄를 선고한다. 자일즈 코리는 푸트넘이 이웃 사람들의 땅을 차지하기 위해 그들을 마녀행위로 고발하는 증거가 있다고 법정에서 말한다. 댄포스 판사는 코리에게 그 정보을 준 자의 이름을 묻지만 그는 대답하지 않는다. 법정은 그를 체포한다. 댄포스 판사는 프락터에게 엘리자베스의 임신 사실을 알려준다.

법정에서 메리 워렌은 망령들을 본 척했으며 다른 사람들을 마녀행위로 거짓 고발했다고 말한다. 그녀는 아비게일과 다른 처녀들 역시 거짓말을 하고 있다고 폭로한다. 그러나 아비게일은 메리 워렌의 비난을 부인하고, 메리 워렌이 자기들을 해치려고 그녀의 악령을 법정에 보내고 있다고 말한다.

프락터는 메리 워렌을 비난하는 아비게일을 거짓말을 일삼는 창녀라고 공격한다. 프락터는 법정에서 그들 사이의 정사를 털어놓고, 그녀가 엘리자베스를 처형시켜 그의 아내가 될 기회를 잡으려고 거짓말 하는 것이라고 진술한다. 프락터가 엘리자베스는 거짓말을 하지 않을 것이라고 하자, 법정은 엘리자베스를 소환해 혼외정사에 대해 질문한다. 남편의 고백 사실을 모르는 엘리자베스는 거짓말을 하고 감옥으로 돌아간다. 아비게일은 메리 워렌이 자기를 공격하고 있다는 주장을 다시 시작한다. 마침내 메리 워렌은 마녀행위에 관해 거짓말을 했다는 고백을 취소하고 존 프락터를 악마의 부하라고 비난한다.

수개월이 지난다. 프락터는 투옥되어 있으며 레베카 너스와 함께 교수형에 처해질 예정이다. 엘리자베스 역시 출산 때까지는 처형이 연기되었지만 감옥에 있다. 헤일이 죄수들에게 교수형을 당하지 말고 자백하라고 설득하지만 모두 거부한다. 프락터는 고백하고 진술서에 서명하지만 그것을 교회 문에 붙이지 못하게 파기한다. 프락터는 교수형에 처해진다.

등장인물

패리스 목사 *Reverend Parris* 세일럼의 목사. 일부 사람들이 자신을 세일럼에서 몰아내려 획책한다고 믿는다. 그래서 마녀재판 과정을 통해 자신의 권위를 강화하려고 한다.

베티 패리스 *Betty Parris* 패리스의 딸. 아버지는 그녀가 숲에서 춤추는 것을 발견한다. 나중에 여러 사람을 마녀행위로 고발한다.

아비게일 윌리엄스 *Abigail Williams* 패리스의 조카딸. 다른 사람들이 마녀행위를 했다고 거짓 고발함으로써 마녀재판을 선동한다. 망령을 본 척하며, 다른 처녀들에게도 그렇게 하도록 지시한다.

티투바 *Tituba* 패리스의 흑인 노예. 숲에서 처녀들과 마법을 부리고 물약을 만드는 것을 패리스가 발견한다.

앤 푸트넘 부인 *Mrs. Ann Putnam* 토머스 푸트넘의 아내. 자신의 갓난아기들이 일곱이나 죽은 것은 마녀 때문이라고 믿는다. 레베카 너스를 질투한 나머지 너스 부인을 마녀라고 고발한다.

토머스 푸트넘 *Thomas Putnam* 세일럼의 탐욕스러운 지주. 이웃 사람들이 교수형을 당하면 그들의 땅을 구입하기 위해 그들이 마녀행위를 했다고 계획적으로 고발한다.

루스 푸트넘 *Ruth Putnam* 푸트넘 부부의 딸. 여러 사람을 마녀행위를 했다고 고발한다. 한 목격자는 루스가 고발을 해서 땅을 차지하는 데 도움이 되었다고 하는 말을 들었다고 주장한다.

메리 워렌 *Mary Warren* 프락터 집의 하녀. 아비게일을 비롯한 처녀들과 동조해 다른 사람들이 마녀행위를 했다고 거짓 고발한다. 그러나 나중에 자신이 거짓말을 했다고 인정한다.

머시 루이스 *Mercy Lewis* 푸트넘 집의 하녀이자 아비게일의 친구. 망령을 본 척하고 다른 사람들이 마녀행위를 했다고 거짓 고발함으로써 마녀재판에 개입한다.

존 프락터 *John Proctor* 세일럼의 농부이자 아비게일의 옛 연인. 패리스를 공공연히 비난하며 교회에 나가지 않는다.

엘리자베스 프락터 *Elizabeth Proctor* 존 프락터의 아내. 신앙심이 깊고 정직하다. 아비게일이 남편과 정사를 벌였다는 것을 알고 내쫓는다.

헤일 목사 *Reverend Hale* 비벌리의 목사. 세일럼 주민들이 베티의 상태를 조사하고 마녀행위 탓인지 알아내기 위해 초청한 인물. 마녀재판을 지지하지만 나중에 아비게일이 거짓말을 한다는 것을 알고 그 재판을 비난한다.

레베카 너스 *Rebecca Nurse* 프랜시스 너스의 아내. 친절하고 자애로워 세일럼에서 가장 존경받는 인물 중 한 사람이다. 마녀재판의 조사를 논박한다. 푸트넘 부인이 그녀를 마녀행위로 고발한다.

프랜시스 너스 *Francis Nurse* 세일럼의 농부이자 지주. 그 공동체의 존경받는 일원으로 종종 사람들 사이의 불화를 해결해 달라는 요청을 받는다.

수잔나 월콧 *Susanna Walcott* 아비게일의 친구. 다른 사람들이 마녀행위를 했다고 거짓 고발함으로써 재판에 관여한다.

자일즈 코리 *Giles Corey* 세일럼의 원로. 마녀행위에 대해 유죄선고를 받은 아내를 보호하기 위해 법정에 도전한 결과 죽음을 맞이한다.

새러 굿 *Sarah Good* 세일럼의 거지. 맨 처음으로 마녀행위로 고발당한다.

헤이손 판사 *Judge Hathorne* 세일럼 법정의 판사.

댄포스 부지사 *Deputy Governor Danforth* 마녀재판 동안 세일럼 법정에서 일하는 특별판사. 범죄를 자백하려 하지 않는 사람들에게 사형선고를 내리는 데 서명한다. 나약하고 우유부단하게 보일 것이 두려워 모든 처형 연기를 반대한다.

에제키엘 치버 *Ezekial Cheever* 법정의 임명을 받아 고발된 사람들을 체포하는 일을 보조한다.

헤릭 보안관 *Marshal Herrick* 법정의 임명을 받아 고발된 사람들을 체포하는 일을 한다.

홉킨스 *Hopkins* 간수.

등장인물 관계도

티투바
(숲속에서 처녀들과 악령을 불러낸다.)

하인

아버지

베티 패리스
(숲속에서의 밤 후에 몹시 아프다.)

고발한다

패리스 목사
(세일럼의 목사)

사라 굿
(세일럼의 거지. 맨 처음으로 고발당한다.)

삼촌

협박하고 거짓말하게 만든다.

머시 루이스
(숲속에 함께 있었던 처녀)

아비게일 윌리엄스
(숲속에 있던 처녀들 중 우두머리)

수잔나 월콧
(숲속에 함께 있었던 처녀)

과거 불륜관계

토머스 푸트넘
(세일럼의 지주)

메리 워렌
(숲속에 함께 있었던 처녀)

부부 사이

푸트넘 부인

존 프락터
(세일럼의 농부)

살인 혐의로 고발한다

부부 사이

구하려고 한다

혐의를 품고 있다

마귀를 숭배

엘리자베스 프락터
(메리 워렌으로부터 바늘이 든 인형을 받는다.)

루스 푸트넘
(숲속에서의 밤 후에 몹시 아프다.)

레베카 너스
(지주 프랜시스 너스의 명망 높은 아내)

헤일 목사
(마녀행위를 조사하기 위해 불려온 목사)

자일즈 코리
(마녀행위로 고발당한 여인의 남편)

심문하던 중 죽게 만든다

댄포스 부주지사
(판사)

정리 노트

:줄거리 마녀행위를 의심받다

사무엘 패리스 목사의 집. 그의 딸 베티는 위층 침대에 혼수상태로 누워 있다. 극이 시작되기 전, 패리스는 베티와 조카딸 아비게일과 바베이도스 출신의 흑인 노예 티투바가 한밤중에 세일럼 교외의 숲에서 춤추는 것을 발견했다. 패리스가 숲에서 나온 후 베티는 의식을 잃었고, 그 이후 계속 혼수상태로 있다. 마을 의사인 그릭스는 베티가 왜 병이 났는지 알아내지 못하고 마녀행위 때문일지도 모른다고 말한다.

패리스는 아비게일이 숲에서 한 일을 정직하게 말하지 않다는 것을 알기 때문에 머리가 혼란스럽고 골치가 아프다. 그는 아비게일과 베티가 '이교도(들)처럼' 춤을 추고, 티투바는 알아들을 수 없는 말을 중얼거리며 불 위를 뛰어다니고, 정체 모르는 여자가 벌거벗은 채 숲에서 뛰어다니는 것을 보았다고 말한다. 아비게일은 자신과 다른 처녀들이 마녀행위를 하고 있었다는 것을 부인한다. 그러나 그는 거짓말이라고 의심하면서 그녀와 베티가 마법을 걸고 있었다고 생각한다. 또한 아비게일에게 그녀의 성격뿐만 아니라 프락터의 집에서 하녀로 일하다가 그의 부인에게 해고당한 이유를 묻는다. 존 프락터의 아내 엘리자베스는 세일럼에서 존경받는 부인이다.

세일럼의 저명한 집안 출신인 푸트넘 부부가 방에 들어와서 베티의 병은 마녀행위 때문이라고 단언한다. 그들은 패리스에게 자기들의 딸 루스 역시 이상한 혼수상태에 빠져 있다고 밝힌다. 루스의 상태는 푸트넘 부부의 일곱 아이들이 유아 때 원인 모를 이유로 죽은 사실과 결부되어, 그들 부부에게 악령들이 세일럼에 횡행하고 있다는 확신을 갖게 한다. 푸트넘이 패리스에게 마녀행위의 존재에 대해 공표하라고 설득하자 근심에 쌓인다. 그는 일부 마을사람들이 자기를 세일럼에서 몰아내려 한다는 것을 알고 있다. 그러므로 그의 집안이 관련된 마녀행위의 추문은 그를 마을에서 내쫓는 데 힘을 실어줄 것이다.

세일럼 주민들은 지극히 억압적인 사회에서 살고 있다. 청교도들은 종교박해를 피해 영국을 떠났으면서도 미국에서는 종교적 불관용에 바탕을 둔 사회를 세웠다. 정부와 교권은 사실상 분리할 수 없으며, 지방 자치체에 의구심을 품는 개인들은 신성한 권위를 의심한다는 비난을 받는다. 청교도 공동체는 육체노동과 교리의 엄격한 준수야말로 충직, 정직, 성실의 최고 징표이고, 물질적·성적 욕망은 부자연스럽고 사악해 사회를 위협한다고 생각했다. 세일럼은 개인적 욕망의 억제와 노동을 강조하는 엄격한 사회였다.

주제탐색 1막 1장에서 밀러는 기만, 소유, 탐욕, 권력의 추구라는 네 가지 가장 중요한 주제를 끌어들임으로써 〈크루서블〉의 무대장치를 마련한다.

문학적장치 극이 시작되기 전에 일어나는 '보이지 않는' 숲속 장면은 상징적인 무대장치 구실을 한다. 이 장면은 이 희곡에서 이후 벌어질 이야기의 촉매가 된다. 패리스는 아비게일에게 처녀들이 춤을 추고, 티투바가 불 위에서 마법을 걸고, 벌거벗은 처녀가 숲에서 뛰어다니는 것을 보았다고 말한다. 이 '보이지 않는' 장면은 세일럼에서 최고의 가치인 욕망의 억압을 상징한다. 물론 욕망은 등장인물들과 관객들에게 여러 가지로 해석될 수 있다. 아비게일에게 욕망은 프락터에 대한 성적인 열망이다. 여타 등장인물과 관객에게 욕망은 성적 열망 외에도 많은 다른 것들을 의미할 수 있다. 예를 들면, 푸트넘은 땅을, 패리스는 지배력과 권위를 갈망한다. 관객들 또한 이 개념을 다르게 해석할 것이다.

처녀들은 세일럼에서는 춤을 출 수 없기 때문에 육체적 쾌락을 탐닉하기 위해 세일럼 밖에 있는 숲으로 들어가야 한다. 게다가 벌거벗은 채 숲속을 뛰어다니는 처녀는 세일럼의 모든 주민들이 지닌 성적 욕구, 즉 사회가 억압하고 부정하도록 강요하는 욕망을 상징한다. 처녀들은 타고난 욕망(순수하든 않든 간에)을 표출하기 위해 공동체 밖의 황야로 가야 한다. 종교는 숲이나 그곳에 사는 이교도 인디언들을 길들이지 못했다. 그러므로 청교도들은 숲을 악마의 요새로 본다. 세일럼 밖의 황야는 사탄이 그리스도를 유혹한 황야와 비교된다. 비록 그리스도는 유혹에 굴복하지 않았지만 사탄은 그가 죄를 짓도록 부추기기 위해 황야로 유인했다. 처녀들은 황야가 사회에서 받아들일 수 없다고 여기는 욕망을 배출할 장소를 제공해 주기 때문에 적극적으로 그곳을 찾는다.

1막 2장

:줄거리 아비게일의 협박

아비게일과 푸트넘 가의 하녀 머시는 베티를 깨우려고 한다. 아비게일은 머시에게 숲에서 벌어진 일에 대해 질문을 받으면 어떻게 대답해야 할지 말해 준다. 그리고 그들이 숲에서 춤춘 것, 티투바가 루스의 죽은 여동생들을 불러낸 것도 패리스가 알고 있다고 일러준다. 아비게일은 패리스가 보았다는, 숲속에서 벌거벗고 뛰어다닌 여자가 바로 머시임을 드러낸다.

메리 워렌이 방으로 들어와 아비게일에게 세일럼 사람들이 모두 베티의 병을 마녀행위 탓으로 돌린다고 알려준다. 마을사람들이 자기들을 마녀로 낙인 찍을 것이라는 생각에 메리 워렌은 두려움과 근심에 휩싸인다. 세 처녀는 다투기 시작하고, 베티가 깨어난다.

아비게일은 베티에게 자기들이 숲에서 한 일을 패리스가 모두 알고 있다고 말한다. 베티는 아비게일에게 맞서며 그녀가 피를 마신 사실을 인정하지 않는 것과 프락터 부인을 죽이기 위해 마법을 건 것을 비난한다. 아비게일은 세 처녀에게 누구에게든 마법에 관해 발설하면 마녀행위를 실행하겠다고 위협하고는 자기들은 그저 춤만 췄을 뿐이고, 티투바가 루스의 여동생들의 혼령을 불러냈으며, 그 밖의 다른 일은 없었다고 말하도록 시킨다. 베티는 다시 혼수상태에 빠진다.

· 풀어보기

주제탐색 극이 시작되면서 처녀들이 숲에서 한 행동을 통해 '기만'이라는 주요한 주제를 소개한다. 아비게일은 선동자다. 다른 처녀들은 어쩌면 호기심에서 그 의식에 참여했겠지만 아비게일에게는 분명한 목적이 있다. 그녀는 존 프락터와 성적 쾌락을 경험했고, 이제 프락터의 아내 엘리자베스를 죽이고 싶어한다. 아비게일은 청교도 사회가 프락터로 하여금 아내를 버리고 그녀에게 가도록 결코 허락하지 않을 것이며, 그 자신도 아내를 버리고 싶어하지 않는다는 것을 깨닫는다. 사회의 테두리 내에서 아비게일이 프락터를 합법적으로 얻을 수 있는 유일한 방법은 엘리자베스를 죽임으로써 프락터에게 재혼할 기회를 주는 것이다. 따라서 처음부터 프락터를 소유하려는 아비게일의 욕망이 동기로 작용해서 피를 마시고 엘리자베스에게 마법을 걸게 된다. 일단 숲에서 패리스에게 발견되자 아비게일은 자신의 마녀행위를 다른 사람들이 모르게 하고, 프락터와의 정사를 감추기 위해 기만에 의지한다. 이런 위반행위는 모두 사회의 엄중한 처벌을 초래할 것이다.

인물탐색 아비게일은 장면 전반에 만연한 공포 분위기를 조성하기 위해 협박을 이용한다. 그녀는 먼저 처녀들을 위협하는 가운데 그들을 공포의 도가니로 몰아넣는 성향을 내보인다. "누구든 그 밖의 일에 대해 한 마디라도 내뱉거나 내뱉는 시늉만 해도 무시무시한 밤의 어둠 속에서 다가가 너희들을 벌벌 떨게 할 예리한 벌을 내릴 거야… 난 너희들이 해가 지는 것을 보지 않았더라면 하고 바라게 해줄 수 있어!"이런 위협은 아비게일이 다른 사람들을 마녀행위로 고발하는 것을 예고한다. 아비게일은, 처녀들이 자기가 시키는 대로 하지 않으면 주술과 마녀행위로 해를 끼치겠다고 위협하듯이, 나중에 자신의 적들을 마녀행위를 했다고 고발함으로써 치밀하게 제거한다. 자신을 보호하기 위해 시작했던 단순한 행동이 재빨리 힘을 얻고, 궁극적으로는 존 프락터를 얻을 기회로 바뀐다.

프락터에게 집착하는 아비게일

존 프락터와 아비게일이 베티가 누워 있는 방에 단 둘이 있다. 프락터는 아비게일에게 베티의 병에 대해 물어본다. 그는 '이 불행'의 책임이 아비게일에게 있을 것이라고 의심한다. 아비게일은 마녀행위에 어떤 관

여도 하지 않았다고 부인하고 단지 숲에서 춤을 추었을 뿐이라고 말한다.

아비게일이 프락터에게 자기를 만나러 왔느냐고 묻자 그가 부인한다. 그 대화를 통해 아비게일이 프락터의 집에서 일을 하며 지내던 7개월 전쯤에 두 사람이 정사를 가졌다는 사실이 드러난다. 프락터는 그 직후 아비게일을 해고했다. 아비게일은 프락터가 비록 그녀에게나 자기 자신에게 인정하지 않을지라도 여전히 자기를 사랑하고 있다고 힐난한다.

풀어보기

인물탐색 아비게일은 프락터의 고결한 아내 엘리자베스와 정반대다. 아비게일은 모든 청교도들이 지닌 성적·물질적, 혹은 그 외의 억압된 욕망을 대변한다. 다른 주민들과의 차이라면, 아비게일은 욕망을 억누르지 않는다는 점이다. 그녀는 원하는 것을 추구하며, 목적 달성을 위해서라면 무슨 수단이든, 심지어 조작, 기만, 유혹까지도 마다하지 않는다.

아비게일이 프락터의 집에서 살고 있는 동안 엘리자베스는 몹시 아팠다. 아비게일은 많은 일을 떠맡게 되었으며, 엘리자베스 대신 존 프락터의 아내 자리를 차지하고 있다고 생각하기 시작했다. 외롭고 마음 여린 프락터가 아비게일에게 눈길이 가고 마음이 끌린 것은 당연하다. 그녀는 그 집에서 엘리자베스보다 더 눈에 띄었고 그에게 영향을 주었다. 그러나 프락터가 아비게일에게서 느끼는 욕망의 해답은 그녀가 청교도 사회의 속박을 기꺼이 버리는 데서 찾을 수 있다. 다른 청교도 여인이라면 유부남에 대한 욕망을 감췄을 텐데, 아비게일은 프락터를 유혹해 결국에는 죄를 범하게 했다.

문학적 장치 3장은 아비게일의 유일한 취약점인 존 프락터에 대한 감정을 드러내 보여주며, 그런 점에서 극의 전환점을 이룬다. 왜냐하면 베티는 의식불명 상태로 누워 있고, 아비게일은 프락터와 단 둘이 이야기하며 관계를 재확인할 기회를 갖기 때문이다. 비록 프락터는 다시는 아비게일에게 말려들지 않겠다고 굳게 결심하지만 그녀와 그녀의 노골적인 행동은 여전히 그를 사로잡는다. 프락터는 아비게일과 다른 처녀들이 숲에서 춤을 추었다는 생각을 하면 사회가 그런 행위를 금지하기 때문에 재미나고 흥분된다. 아비게일은 자신의 '사악한' 행동에 대한 프락터의 반응을 변함없는 관심 표명으로 해석한다. 프락터가 아비게일에 대한 어떤 감정도 인정하지 않고, 심지어 정사에 대해 이야기하기조차 거부하자 아비게일은 화를 내며 그의 무관심을 엘리자베스 탓으로 돌린다.

인물 탐색 엘리자베스에게 충실하려는 프락터의 결심은 그의 도덕성을 입증하며, 희곡의 나머지 부분에서 아비게일에게 동기를 제공한다. 3장 이전의 아비게일은 엘리자베스가 자신이 프락터와 함께 있는 것을 방해하기 때문에 귀찮은 존재로 본다. 그러나 이제 더 이상 그녀에 대한 감정을 인정하지 않게 되자 프락터는 그녀를 위험한 존재로 간주한다. 희곡의 이 지점까지 아비게일의 유일한 관심은 숲에서 한 행동과 프락터와의 정사를 감추는 것이었다. 이제 아비게일은 엘리자베스를 처리하거나 아니면 프락터를 완전히 잊어야 한다는 것을 안다. 이런 깨달음은 아비게일이 5장에서 할 행동을 예고한다.

줄거리 움트는 반목

베티는 비명을 지르며 귀를 막기 시작한다. 교구민들은 아래층에서 찬송가를 부르고 있다. 푸트넘 부인은 '베티가 주님의 이름을 듣는 것을 참지 못하기'때문에 베티의 행동을 마녀행위로 해석한다. 레베카 너스는 모든 사람들에게 조용히 하라고 지시하고는 베티가 조용해질 때까지 곁에 서 있는다.

푸트넘은 레베카에게 루스를 찾아가 깨워봐 달라고 부탁한다. 레베

카는 푸트넘과 다른 사람들에게 베티와 루스의 병이 사라질 것이라고 말하고, 패리스에게 처녀들의 상태를 마녀행위 탓으로 돌리는 것은 위험하다고 경고한다. 푸트넘은 자기가 갓난아이를 일곱이나 잃은 것은 마녀짓 때문이라고 단언한다. 푸트넘 부인은 레베카에게 적의를 품는다. 레베카는 자식을 하나도 잃지 않았기 때문에 의심하는 것이다.

프락터는 패리스가 신이 아니라 돈에 대해 설교한다고 비판한다. 푸트넘과 프락터, 자일즈 코리는 패리스와 그의 월급 그리고 세일럼 목사로서 그가 기대하는 것들을 두고 논쟁한다. 패리스는 일부 세일럼 주민들이 그를 내쫓기로 결정했다고 주장한다. 그 사람들은 소송과 토지권에 대해 논의하기 시작한다. 푸트넘이 프락터가 자기 땅에서 나무를 훔친다고 비난하자 프락터는 다섯 달 전에 너스한테서 그 땅을 사들였다고 말한다. 푸트넘은 그것은 자기 할아버지 땅이므로 너스는 소유권이 없다고 주장하고, 프락터는 반박한다.

⋅풀어보기

4장은 나중에 이 극의 행위들을 추진할 오래된 악의를 드러내 보인다. 이 당시에는 빈약한 의료행위와 부적절한 영양섭취, 열악한 생활조건 등, 여러 가지 원인으로 인해 아이들이 태어나자마자 아니면 어린 시절에 죽는 일이 흔했다. 그렇더라도 한 가정에서 일곱 명이 목숨을 잃는 것은 흔한 일이 아니다. 그리고 일곱을 잃은 것은 생존해 있는 아이에게 닥친 위협과 결부되어 푸트넘 부인을 적의에 찬 여자로 만든다. 원래

부터 독선적인 그녀는 자신이 희생 당했다고 믿으며 아이들의 사망원인을 찾는 데 온 힘을 쏟는다. 집착에 빠진 푸트넘 부인은 자식들의 망령을 불러내기 위해 티투바에게 도움을 간청할 뿐만 아니라 자식을 잃지 않은 어머니들을 질투하며 그 적대감은 레베카 너스를 향한다. 레베카는 열한 명의 자식들을 하나도 잃지 않았기 때문이다. 레베카에 대한 푸트넘 부인의 분노는 2막 3장 직전에 레베카가 체포되는 것을 예고한다. 푸트넘 부인은 티투바로부터 아이들이 죽은 이유를 알아내지 못했을 것이다. 그러나 마녀재판을 통해 푸트넘 부인은 자신이 항상 원했던 것을 갖고 있는 레베카를 고발함으로써 복수와 분노를 실현하게 된다.

주제 탐색 4장 역시 이 희곡의 또 하나의 중요한 주제인 탐욕과 힘의 추구를 도입한다. 패리스가 프락터, 코리와 벌인 논쟁은 돈이 세일럼에서 많은 논쟁의 원인이라는 것을 보여준다. 프락터가 패리스에게 세일럼 주민들을 섬기기보다는 물질적 이익을 얻는 데 더 관심을 갖고 있다고 비난할 때 긴장이 고조된다.

프락터는 성경에 묘사된 도덕과 노동윤리에 따라 살기 때문에 그의 분노는 그의 성격과 일치한다. 그렇다고 프락터가 완벽하다는 의미는 아니며, 그의 간통은 주요한 결점이다. 그러나 프락터는 자신의 죄를 인식하고, 그 죄로 인해 큰 고통을 당한다. 프락터는 패리스가 그의 계약, 월급, 양식을 놓고 끊임없이 시비를 거는 데 정나미가 떨어진다. 그리고 백랍 촛대 대신 황금 촛대 같은 물질을 구하는 데 사로잡힌 목사는 하나님을 진실로 섬기거나 다른 사람들에게 봉사할 수 없다고 믿는다.

인물 탐색 다른 한편으로, 우리는 패리스가 직업의 안정성에 관심을 갖는 것을 이해할 수 있다. 프락터는 집의 권리증을 달라는 패리스의 요구를 비난한다. 그러나 패리스는 과거에 세일럼에서 목사들이 어떻게 쫓겨났는지 알고 있기 때문에 분별있게 행동하고 있는 것이다. 한때 바베이도스에서 사업으로 큰 성공을 거두었던 그는 목사가 되자 생활방식과 경제적 기대치가 극적으로 변했지만 여전히 세속적인 사람처럼 생각한다. 그는 2막 3장에 언급된 황금 촛대 같은 물질과 자신의 모든 선택사항들을 검토하는 데 익숙해져 있다. 수완이 비상한 사업가가 사업상의 거래에서 예상되는 수입을 조사하듯이, 패리스는 세일럼에서 일이 뜻대로 되지 않을 경우를 대비해 자구책을 찾는다. 집의 권리증을 요구하는 것은 일부 사람들이 그를 설교대에서 내쫓을 가능성을 줄여줄 뿐만 아니라 실제로 그런 일이 일어날 경우 그와 그의 가족이 지낼 장소를 제공해 줄 것이다.

패리스와 프락터의 논쟁은 또한 패리스가 세일럼에서 권위를 획득하기 위해 계속해서 벌이는 싸움을 상징한다. 패리스는 프락터를 주적(主敵)으로 생각하고 있다. 이는 프락터가 자기를 반대하는 무리를 이끌고 있다고 패리스가 비난할 때 증명된다. 패리스의 분노는 세일럼 주민들이 '목사에 대한 그들의 책무'를 인정하지 않는다는 것은 그들이 자기의 권위를 인식하지 못하고 있다는 의미라고 느끼는 데서 생겨난다. 레베카가 그 방에 있고 자식을 잃지 않은 어머니들 중 한 사람이기 때문에 푸트넘 부인이 그녀를 표적으로 삼듯이, 패리스는 프락터가 바로 앞에 있고 따라서 다른 의무를 다하지 않는 세일럼의 주민들을 대표하기 때문에 그를 표적으로 삼는다.

문학적 장치 4장의 끝에서는 프락터와 푸트넘이 토지권을 두고 논쟁할 때 다른 원한들이 드러난다. 프락터는 떠나면서 집에 통나무를 가져가야 한다고 말한다. 프락터가 그 땅을 다섯 달 전에 프랜시스 너스에게서 구입했다고 주장하지만 푸트넘은 프락터가 자기 땅에서 나무를 훔치고 있다고 비난한다. 3장이 아비게일이 다른 사람들을 마녀행위로 고발하는 이유가 되듯이, 4장은 푸트넘 가족이 이웃 사람들을 마녀행위로 고발하는 세속적인 동기를 제공한다. 3장 이후, 아비게일의 목적은 엘리자베스를 고발하고 프락터를 차지하는 것이다. 4장 이후, 푸트넘 가족의 목적은 자신들 소유라고 믿고 있는 땅을 '차지한' 사람은 누구든 고발하는 것이다. 다시 한 번, 이런 전환은 2막에서 마사 코리를 비롯한 수많은 사람들과 레베카가 체포되는 것을 예고한다.

마녀사냥의 징후

헤일 목사가 패리스의 집에 도착한다. 헤일은 레베카 너스에게 그의 마을사람들이 그녀의 선행을 잘 알고 있다고 말한다. 푸트넘 부부는 헤일에게 루스의 상태를 설명하고, 그녀를 살펴보도록 요청한다. 그러나 헤일은 먼저 베티를 볼 준비를 한다. 헤일은 방 안에 있는 사람들에게 베티의 질병이 마녀행위 탓이 아닐 수도 있다는 사실을 받아들이지 않는 한 베티를 살펴보지 않겠다고 말한다. "만약 내가 베티에게서 지옥의 상처를 발견하지 못할 경우 여러분이 내 말을 믿을 준비가 되어 있지 않다면 일을 시작하지 않겠습니다."

푸트넘 부인은 티투바가 망령을 불러낼 수 있다고 말한다. 푸트넘 부인은 루스를 티투바에게 보내 누가 루스의 여동생들을 죽였는지 알아보려고 죽은 아이들을 불러내도록 한 사실을 인정한다.

너스 부인은 헤일이 악마의 표시를 찾기 위해 베티를 검사할 준비를 할 때 떠난다. 헤일이 조사 과정에서 그 아이에게 고통을 줄 수도 있다고 말했기 때문이다. 자일즈 코리는 헤일에게 아내 마사가 몰래 책을 읽어왔으며, 그 책들 때문에 기도를 할 수 없다고 말한다.

패리스는 헤일에게 처녀들이 숲에서 춤을 춘 얘기를 한다. 헤일이 아비게일에게 질문하자, 그녀는 모든 것을 티투바의 탓으로 돌린다. 아비게일은 티투바가 자기에게 피를 마시게 하고, 사나운 꿈을 꾸게 하고, 죄를 짓도록 유혹한다고 말한다.

헤일은 티투바에게 질문하면서 그녀가 악마와 함께 했다는 것을 인정하고 관련자들의 이름을 대면 구원받을 수 있다고 말한다. 그녀는 악마를 보았고 굿 부인과 오스본 부인이 악마와 함께 있었다는 것을 인정한다.

아비게일은 자기 이름을 악마의 장부에 써넣음으로써 자신을 악마에게 바쳤다는 것을 인정한다. 그녀는 악마를 부인하고, '예수의 감미로운 사랑'을 원한다고 말한다. 또한 브리짓 비숍은 물론, 굿 부인과 오스번 부인이 악마와 함께 있는 것을 보았다고 주장한다. 베티가 깨어나서 조지 제이콥스와 하우 부인이 악마와 함께 있는 것을 보았다고 말한다. 1막은 아비게일과 베티가 그들이 본 악마와 함께 있었던 사람들의 이름을 대는 것으로 끝난다.

풀어보기

문학적 장치 5장은 두 가지 이유로 이 희곡의 중추 역할을 한다. 먼저, 세일럼에서 마녀행위가 일어났을 가능성을 제시한다. 헤일은 방 안에 있는 모든 사람에게 마녀행위가 개입되지 않았을 수도 있다는 사실을 인정하지 않는다면 베티를 조사하지 않겠다고 경고한다.

비록 모두들 동의하지만 그들은 그가 마녀행위를 찾아낼 것으로 기대하고 있다. 자신의 뒤뜰에서 마녀행위를 발견한다는 생각은 흥분을 불러일으킬 뿐만 아니라 불가사의한 현상들을 설명할 수 있게 해준다. 예를 들면, 푸트넘 부인이 자식들의 죽음을 마녀행위의 탓으로 돌리는 것은 그녀가 건강한 아이들을 낳지 못했거나 제대로 임신하지 못했다는 것을 받아들이기보다 훨씬 쉽다. 베티와 루스의 병이 마녀행위의 결과라고 설명하는 것 역시 선량한 청교도 처녀들이 숲에서 춤을 추고, 마법을 걸려고 시도하고, 이제 처벌을 피하기 위해 아픈 척한다는 것을 받아들이기보다 훨씬 쉽다.

비록 헤일은 5장의 시작 부분에서 부인하지만 거의 모든 사람들은 그가 마녀행위의 증거를 찾아낼 것이라고 기대하며, 찾아내지 않는다면 만족하지 않을 것이다. 그 결과 헤일은 베티의 병, 루스의 상태, 망령들을 불러내는 티투바의 능력, 숲에서 춤을 춘 것, 푸트넘의 일곱 아이들의 죽음, 마사 코리의 이상한 책 같은, 세일럼에서 일어난 수많은 사건들에 대한 설명에 압도당한다. 이 사건들을 하나씩 떼어내면 설명이 가능할 수도 있겠지만 합쳐졌을 때는 세일럼에서 마녀행위가 벌어졌다는 엄청난 증거 구실을 한다.

푸트넘 부인이 루스를 보내 티투바에게 죽은 사람을 불러내도록 한 것을 레베카가 비난하자, 레베카에 대한 푸트넘 부인의 분노는 거세지기만 한다. 청교도들은 죽은 사람들과 접촉하고 아이의 생명을 위험에 빠뜨리는 것을 악마의 일로 여겼기 때문에 정상적인 상황에서라면 푸트넘 부인을 엄하게 처벌했을 것이다. 그러나 푸트넘 부인은 처벌을 피할 뿐만 아니라 레베카의 반응과 헤일이 베티의 마녀행위를 조사하는 동안 레베카가 그 자리에 남아 있으려 하지 않은 것을 마녀행위에 관여한 증거로 교묘하게 조작한다.

5장이 중추 역할을 하는 두 번째 이유는 아비게일이 힘을 행사하고 프락터를 차지하기 위해 탐색을 시작하기 때문이다. 티투바는 마을사람들이 폭력 위협을 가하자 마녀행위를 고백한다. 그녀는 아무런 힘도 없는 흑인 노예다. 아비게일이 거짓말하고 있다는 것을 티투바는 알고 있지만 아비게일의 고발로부터 자신을 방어할 능력이 없다. 티투바가 마녀행위를 고백하고, 사라 굿과 오스본 부인을 연루시킨다는 사실은 티투바가 말귀를 잘 알아듣고 자신의 목숨을 부지하기 위해 애쓴다는 것을 보여준다. 자기 생명을 보호하기 위해 티투바는 심문자들에게서 단서를 얻어 그들이 듣고 싶어하는 말을 해준다. 헤일이 티투바의 고백에 보이는 반응을 보고 아비게일은 갑자기 자신의 죄를 인정한다.

너도나도 앞다퉈 마녀행위를 공표한다. 그런 행위로 인해 세일럼에서 일부 사람들이 즉각적으로 지위를 얻고 인정을 받는다. 아비게일은 자신이 악마와 교류했지만 참회하고 있다고 선언함으로써 즉시 존경과 권위를 얻을 수 있다는 것을 깨닫는다. 아비게일이 상황을 다루는 능력은 다른 사람들의 맹목적인 무지에 대해 잘 알고 있고 예리한 자기보호 감각을 지녔음을 증명한다. 아비게일은 마을사람들이 자기를 노련한 목격자로 보리라는 것을 안다. 헤일이 그녀를 신뢰한다는 사실은 그녀를 세일럼의 다른 사람들보다 훨씬 돋보이게 한다. 사람들은 아비게일의 수상쩍은 평판을 잊어버리고 이제는 신의 도구로 생각한다. 이런 계산된 움직임은 마침내 그녀를 엘리자베스 프락터를 제거할 위치에 놓는다. 아비게일이 악마와의 관계를 끊은 후에 베티가 갑자기 깨어난다는 사실은 아비게일의 권위와 신뢰성을 더욱 드러내어 줄 뿐이다.

냉랭한 프락터 부부의 관계

2막은 아비게일과 베티가 사람들을 마녀행위로 고발하기 시작한 지 8일 후 존 프락터의 집에서 시작된다. 프락터는 들에서 일하고 늦게 돌아와 엘리자베스와 저녁을 먹는다. 그는 그녀를 행복하게 해주기 위해 노력하고 있다고 말한다.

엘리자베스는 프락터가 세일럼에 갔다 왔기 때문에 저녁식사 시간에 늦은 건지 묻는다. 또한 그녀는 하녀 메리 워렌이 종일 세일럼에 있었다고 말한다. 프락터는 메리 워렌에게 세일럼에 가지 말라고 했기 때문에 화를 내기 시작한다. 엘리자베스는 메리 워렌이 법정 관리로 임명되었다고 말한다. 프락터는 네 명의 치안판사가 일반법원에 임명되었으며, 그 주의 부지사가 판사로 일하게 되었다는 것을 알게 된다. 법정은 14명을 마녀행위 혐의로 투옥했다.

엘리자베스는 프락터에게 세일럼에 가서 아비게일이 사기꾼임을 폭로하라고 말한다. 머뭇거리던 프락터는 그들이 이야기를 나눌 때 둘만 있었기 때문에 아비게일의 말을 증명할 수 없다고 밝힌다. 앞서 프락터가 단 둘이서 시간을 보냈다는 말을 하지 않았기 때문에 엘리자베스는 화를 낸다. 두 사람은 다툰다. 프락터는 아내가 그를 정직하지 않다고 비난하고 아비게일과 다시 정사를 시작한 것으로 의심하고 있다고 생각한다. 그는 몹시 화가 난다. 엘리자베스 또한 화를 낸다.

　2막 1장은 처음으로 관객에게 엘리자베스와 프락터가 함께 있는 모습을 보여준다. 지금까지 관객은 아비게일과 프락터를 통해 엘리자베스에 관해 들었을 뿐이다. 아비게일은 엘리자베스를 프락터에게 만족과 행복을 주지 못하는, 차갑고 '징징 짜는' 여자로 묘사했다. 프락터는 엘리자베스를 강하게 두둔했다.

겉보기에 프락터의 집은 전형적인 청교도 가정처럼 보인다. 프락터와 엘리자베스는 저녁을 먹으면서 농장과 작물과 가사일에 대해 이야기한다. 그러나 그 집에는 긴장이 흐른다. 엘리자베스는 프락터의 정사에 대해 알고 있으며 용서한다고 말하지만 떠나지 않는 불신감 때문에 괴롭다. 프락터는 지난 7개월 동안 아내에게 충실했으며 과거를 뉘우치고 있지만 엘리자베스는 예전 상태로 돌아가는 데 어려움을 겪는다. 그 결과 프락터는 엘리자베스가 계속해서 자기 행동을 감시하고 있다고 느끼면서 좌절하고 화를 낸다.

인물탐색 긴장과 상호 좌절감이 그들 관계의 특징이 된다. 엘리자베스는 남편의 불륜과 그가 여전히 감정을 정리하지 못했다고 믿기 때문에 좌절한다. 그녀 또한 자기 자신에게 좌절한다. 그녀는 남편을 용서하고 관계를 회복하고 싶지만 그러지 못한다. 엘리자베스는 비록 그가 아비게일 근처에 가는 것을 바라지 않으면서도 세일럼에 가보라고 하면서 그에 대한 신뢰를 증명하려 한다. 그러나 그가 아비게일과 단 둘이서 시간을 보냈다는 사실에 신뢰가 산산조각난다. 엘리자베스는 자연스레 프락터가 나쁜 짓을 했다고 의심한다.

그러나 프락터는 아비게일과의 정사를 뉘우치고 있다. 그가 저지른 죄는 엘리자베스의 미묘한 역습과 결부되어 그를 피곤하게 한다. 그 역시 예전 상태로 되돌아가고 싶지만 엘리자베스의 감정이나 그들 사이의 거리를 어떻게 좁혀야 할지

난감하다. 지난 7개월 동안 프락터는 엘리자베스의 용서를 받고 애정을 되찾으려고 노력했지만 소용이 없는 것 같다. 아비게일에 관한 논쟁은 긴장된 부부관계의 한 예에 불과하다. 프락터는 자기 쪽에서 먼저 아비게일과 만났던 사실을 말하지 않은 것이 불안하다. 그러나 엘리자베스는 단 둘이 있었던 것보다 애초에 말하지 않은 사실에 더 화가 난다.

마녀재판은 시작되고

메리 워렌이 프락터의 집으로 돌아온다. 그녀가 종일 세일럼에 가 있었던 일로 프락터가 화를 내자 자기는 법정 관리이기 때문에 매일 갈 것이라고 말한다. 그녀는 법정에 있는 동안 만든 인형을 엘리자베스에게 준

다. 그리고 엘리자베스와 프락터에게 서른아홉 명이 투옥되었고, 오스본 부인은 마녀행위를 자백하지 않았기 때문에 교수형 당할 것이라고 말한다. 프락터는 법정이 명백한 증거도 없이 사람들을 모욕하고 있다는 생각에 화를 낸다. 메리 워렌은 엘리자베스가 고발되었지만 자신이 변호해서 법정이 그 고발을 기각했다고 말한다.

엘리자베스는 프락터에게 아비게일이 자기를 제거하고 싶어한다고 말한다. 그녀는 아비게일이 자신을 마녀행위로 고발해 처형받게 할 것이라고 믿는다. 엘리자베스는 프락터에게 아비게일을 만나 자기에게 무슨 일이 일어나도 프락터가 그녀와 결혼할 가망은 전혀 없다는 말을 하라고 요구한다. 부부는 다시 다툰다.

풀어보기

주제 탐색 2장은 마녀재판의 충격과 그것이 세일럼에 초래한 광기를 보여주며, 군중이 너무나 쉽게 영향받을 수 있다는 주제를 강화시켜준다. 갑자기 마을사람들은 젊은이들, 특히 아비게일과 다른 처녀들을 신의 도구로서 숭배한다. 그 처녀들에게 밉보인 사람들은 누구나 마녀행위로 고발당할지도 모르는 공포 속에서 산다.

아비게일은 그 집단의 우두머리로서 마침내 원하던 힘을 얻고, 그 힘을 프락터를 차지하는 데 이용할 수 있게 된다. 다른 처녀들 역시 새로운 지위를 얻는다. 마녀재판 이전에 메리 워렌은 프락터의 집에서 하녀로 살면서 보수를 받았지만 그 집의 규칙을 따라야 했다. 만약 그녀가 할 일을 하지 않으면 프락터는 자기 자식처럼 징벌할 수 있었다.

　　마녀재판이 시작된 이후 세일럼의 계급질서는 흩트러진다. 힘이 없던 사람들이 힘을 지니게 되고, 그들 위에 군림했던 사람들에게 복종하기를 거부한다. 이런 변화를 분명히 보여주는 인물이 메리 워렌이다. 그녀는 엘리자베스의 지시를 묵살하고, 프락터가 복종하지 않는다는 이유로 채찍질을 하겠다고 위협하자 반항한다.

인물탐색 메리 워렌이 울기 시작한다. 종일 법정에서 일하느라 피곤하고 정신이 없다. 이 시점에서 메리 워렌은 자기 자신과 프락터 부부에게 기소된 모든 사람들에 대해 명확한 증거가 있다고 확신시키려 한다. 한편 그녀는 이런 사실에 은근히 의심을 품지만 아비게일 일당과 한 편이 될 수밖에 없다고 느낀다. 이제는 그 집단에서 쫓겨나고 싶지 않다.

문학적장치 2장에서 엘리자베스와 프락터가 아비게일의 계략을 알아차린다. 그 전까지는 오직 관객만이 사건의 전말을 알고 있었다. 이제 두 사람은 아비게일의 행동과 거기에 담긴 목적을 정확히 판단한다. 2장 이전에 프락터와 엘리자베스는 아비게일이 마녀행위에 대해 거짓말을 했다는 것을 알고 있었고, 막연히 엘리자베스를 제거하고 싶어할지 모른다고 의심했다. 2장에서는 그들의 두려움이 잘못된 것이 아니었음을 분명히 보여준다. 메리 워렌이 아무 생각 없이 엘리자베스에게 주는 인형은 4장에서 엘리자베스가 체포되는 것을 예고한다.

　　메리 워렌이 그들에게 법정에서 엘리자베스를 고발했다고 말할 때, 아비게일의 계획이 자명해진다. 시간은 이제 이 극에서 가장 중요한 요소가 된다. 사람들이 마녀행위로 체포될 때마다 아비게일은 신뢰를 얻는다. 게다가 그녀는 법정에서 발작을 일으키고, 혼수상태에 빠지고, 마법에 걸려 기절하고, 그 외에도 '명확한 증거'를 입증하면서 권위도 강화된다. 법정의 시각에서는 그녀를 논박할 여지가 없게 된다.

　　프락터만이 엘리자베스를 구할 방법이 있다. 아비게일을 만나 그녀의 계획이 성공할 수 없다고 납득시키든가, 아니면 그녀가 엘리자베스를 고발하기 전에 먼저 헤일에게 말하는 것이다. 만약 엘리자베스가 체포된 후에 프락터가 아비게일을 사기꾼이라고 말하면 그는 맹렬한 공격을 받을 것이다. 법정에서 엘리자베스를 체포할 때까지는 아비게일이 계속 고발할 것임을 알기 때문에 프락터는 가능한 한 신속하게 행동해야 한다.

헤일, 프락터 부부를 방문하다

헤일 목사가 프락터의 집을 방문한다. 그는 부부에게 엘리자베스의 이름이 법정에서 거론되었다고 말하고, 프락터에게 교회에 잘 나오지 않는 이유를 묻고는 십계명을 외워보라고 요구한다. 프락터가 아홉 개만 기억해내자, 엘리자베스가 간음을 금하는 계율을 상기시켜준다. 프락터가 그 계율을 잊어버린 것은 의도적이다. 프락터와 엘리자베스뿐만 아니라 관객도 그가 아비게일과 정사를 할 때 정말로 계율을 '잊어버렸다'는 것을 깨닫는다는 데서 아이러니가 생겨난다. 그 계율이 프락터의 생활 속에 융합되지 않았기 때문에 기억에서 사라진 것이다.

프락터가 헤일에게 아이들의 병은 마녀행위 때문이 아니라는 것을 아비게일이 인정했다고 말한다. 헤일은 아비게일이 사기꾼임을 법정에서 진술하라고 말하고는 엘리자베스가 마녀를 믿는지 알아보기 위해 그녀에게 질문한다. 자일즈 코리와 프랜시스 너스가 당도해 법정에서 그들의 아내를 마녀행위 혐의로 체포했다고 말한다.

풀어보기

헤일은 정의를 구현하려고 노력하는 공정한 인물이다. 그는 세일럼 주민들의 사소한 경쟁과 실력행사에 관여하지 않는다. 여러 가지 문제로 혼란에 빠진 혜일은 프락터 부부를 의심한다. 이런 문제들 중에는 프락터가 교회에 잘 나가지 않는 것, 자식 하나가 세례를 받지 않았다는 것, 십계명을 다 외우지 못한 것이 포함된다. 그는 프락터 부부를 시험하기 위해 그들의 집을 찾고, 엘리자베스의 체포 가능성에 대해 공정한 경고를 한다.

인물탐색 혜일이 프락터에게 각각의 유죄항목에 대해 설명할 기회를 준다는 사실은 그가 공정하다는 좋은 증거이며, 1막 5장에서 일어난 일과는 대비된다. 1막 5장에서 세일럼 주민들은 혜일이 분석하지 못한 증거 목록을 제시한다. 그 결과 혜일은 제시된 증거를 조사하려 하지 않고 마녀행위를 선언한다. 그러나 여기서는 프락터에게 자신의 행동을 설명하도록 허용한다. 비록 프락터의 행동들, 특히 패리스에 대한 감정 때문에 아들의 세례를 거부한 것에 대해서는 찬성하지 않지만 그가 사악한 사람은 아니라는 것을 깨닫는다.

3장에서 프락터 부부와 혜일 사이에 신앙 문제를 두고 긴장감이 생긴다. 그들 부부는 레베카가 마녀행위에 관여했을 수도 있다는 사실을 믿으려 하지 않고 그 고발에 전율한다. 비록 혜일은 레베카의 유죄를 선뜻 믿지 않지만 그 가능성을 배제하지는 않는다.

이 시점에서 극은 각 개인의 행위 문제를 끌어들인다. 청교도들은 성경을 일상생활의 지침서로 보았다. 그들은, 선행을 통해 신앙을 증명하지 않는 한, 그 믿음은 종교적 헌신의 충분한 표시라고 생각하지 않았다. 레베카가 오랫동안 베푼 선행을 고려하면 프락터 부부가 레베카를 두고 헤일과 다투는 것은 당연하다. 비록 목사들이 하나님은 사람들을 그들의 행위에 따라 심판한다고 설교하지만 헤일은 레베카의 과거 행위를 외면할 심산인 것 같다.

헤일이 엘리자베스에게 마녀를 믿는지에 관해 질문할 때 이 논쟁이 확장된다. 엘리자베스는 레베카에 대한 헤일의 태도 때문에 마녀가 존재한다는 사실을 부인한다. 엘리자베스는 레베카가 마녀일 수도 있다는 것을 믿지 않는다. 그런 생각은 성경의 윤리와 어긋나기 때문이다. 그녀는 자기도 의심받기 시작했다는 것을 안다. 그녀는 살아오면서 도덕적인 선을 행하고 자선을 베풀어왔기 때문에 법정이 그녀를 마녀로 규정할 수도 있을 때 마녀의 존재를 인정하려 들지 않는다.

아비게일이 마녀사건을 날조했음을 시인했다는 프락터의 진술을 듣고 난 헤일은 자신의 신앙과 더불어 이전의 사건들에서 취했던 행동들을 재검토한다. 그는 선의와 하나님에 대한 확고한 헌신이 자기 행동을 지배했지만 무고한 사람들을 투옥하고 하지도 않은 일을 고백하기를 거부한 사람들에게 사형 선고를 내렸을지도 모른다는 것을 깨닫는다.

줄거리 체포되는 엘리자베스

에제키엘 치버와 헤릭 보안관이 엘리자베스의 체포영장을 들고 프락터의 집에 도착한다. 치버는 메리 워렌이 엘리자베스에게 만들어준 인형 속에서 바늘을 발견한다. 그는 프락터와 헤일에게 아비게일이 엘리자베스를 살인기도 혐의로 고발했다고 말한다. 치버는 아비게일이 패리스의 집에서 식사를 하는 동안 바늘에 찔렸으며, 엘리자베스의 망령 소행이라고 했다는 것이었다.

메리 워렌은 헤일에게 자신이 그날 법정에서 그 인형을 만들었고, 속

에 바늘을 넣어두었다고 말한다. 그리고 아비게일이 옆에 앉아 있었기 때문에 자기가 바느질 하는 것을 보았다고 덧붙인다. 남자들은 여전히 엘리자베스를 잡아두고 있고, 헤일과 코리, 너스는 자리를 떠난다.

프락터는 메리 워렌에게 법정에서 아비게일을 반박하는 증언을 해야 한다고 말한다. 메리 워렌은 아비게일과 다른 처녀들이 자기를 적대시할 것이기 때문에 증언하기가 두렵다고 말한다. 프락터는 메리 워렌이 그의 정사에 대해 알고 있다는 것을 눈치 챈다.

: 풀어보기

아비게일은 4장에서 엘리자베스에 대한 계략을 실행에 옮긴다. 이 시점에서 그녀는 희곡의 시작 부분에서부터 획득해온 모든 힘을 행사한다. 앞서 법정에서 그녀의 고발을 기각했기 때문에 엘리자베스가 체포되게 하려면 확실한 증거를 제출해야 한다는 것을 깨닫는다. 이제 엘리자베스를 마녀행위로 고발하기 위해서라면 무슨 짓이든 할 준비가 되어 있다.

인물탐색 아비게일은 메리 워렌을 엘리자베스에게 죄를 뒤집어 씌우는 수단으로 써먹을 수 있겠다는 것을 알아차리고 그녀를 교묘하게 이용해 음모를 꾸민다. 아비게일은 메리 워렌이 법정에서 인형을 꿰매는 모습을 보고, 나중에 엘리자베스에게 줄 것임을 안다. 아비게일이 자기 몸을 기꺼이 찌른다는 사실은 엘리자베스를 파멸시키고 프락터를 차지하기 위해서라면 무슨 짓이든 하리란 것을 보여준다.

4장은 또한 프락터가 아비게일을 불신하고 엘리자베스가 거짓 고발당했다는 것을 증명할 기회를 준다. 문제는 메리 워렌이 공개 법정에서 아비게일에게 불리한 증언을 할 것인가 하는 점이다. 그러나 헤일이 아비게일의 주장을 반박하기 위해 메리 워렌에게 질문을 하면 인형에 대한 사실을 폭로하려고 하지 않을 것이다. 엘리자베스를 구하려면 메리 워렌은 소외될 각오를 해야 하고, 1막 2장에서 아비게일이 가한 폭력 위협에 결연히 맞서야 한다.

문학적 장치 메리 워렌이 느끼는 보복의 두려움은 3막에서 아비게일이 그녀에게 하는 행동을 예고한다. 게다가 메리 워렌은 프락터에게 아비게일이 그를 간통 혐의로 고발할 것이라고 경고한다. 이것은 희곡의 끝부분에서 프락터가 법정에서 정사를 폭로하는 장면을 예고한다.

세일럼, 의심과 공포의 사회로

3막은 세일럼의 교회당에서 시작된다. 법정은 마사 코리에게 마녀행위에 대해 심문하고 기소한다. 자일즈 코리는 재판진행을 저지하고 토머스 푸트넘이 '땅을 차지하기 위해 손을 쓰고 있다'고 단언한다. 그는 법정에서 끌려나가 제의실에 감금된다.

헤이손 판사, 댄포스 부지사, 에제키엘 치버와 패리스가 제의실로 들어온다. 코리는 자신이 600에이커의 땅과 많은 목재를 소유하고 있다고 말하면서 법정이 자기 아내를 억류하고 있는 것은 잘못이라고 덧붙인다. 코리는 댄포스에게 왜 마사가 책을 읽는지 헤일에게 물어보긴 했지만 자기는 결코 그녀를 마녀행위로 고발하지는 않았다고 말한다.

코리와 프랜시스 너스는 법정에 제출할 증거가 있다고 말하고, 그것을 내기 위해 사흘을 기다렸지만 소용이 없다. 댄포스는 그들에게 법정이 귀 기울이게 하려면 적절한 문서를 제출해야 한다고 말한다. 너스는 댄포스에게 처녀들이 속임수를 쓰고 있다고 말한다.

3막에서는 시간이 결정적인 역할을 한다. 1막 5장에서 마녀행위에 홀린 상태는 재빨리 집단 편집증으로 바뀌었다.

마을 주민들은 이제 세일럼 사회의 법을 정확하게 따르지 않는 사람은 누구든 잠재적인 마녀로 간주한다. 이성 대신 공포와 무의식적인 의심이 자리를 잡는다. 법정의 힘이 커져감에 따라 세일럼 주민들은 공포 속에서 살아간다. 과거의 원한, 증오, 사소한 비행(非行)이 체포와 죽음을 초래할 수도 있다. 특히 처녀들이나 더 많은 땅을 차지하려고 하는 사람의 감정을 상하게 하면 그 가능성은 커진다. 체포된 사람들의 수가 늘어날수록 법정은 너그러움을 보이지 않고, 고발자들이 속셈을 감추고 있을지도 모른다는 생각을 인정하려 들지 않는다.

당연히 프락터와 자일즈 코리와 프랜시스 너스는 아비게일과 처녀들에게 대항할 증거를 제출하고 싶어한다. 법정은 마사와 레베카에게 유죄판결을 내렸으며, 엘리자베스는 투옥되어 있고, 아비게일은 오로지 목적달성을 위해 엘리자베스가 처형되기를 기다리고 있다. 프락터는 자유롭게 재혼할 수 있을 것이며, 그녀는 그를 차지할 수 있다. 프락터는 아비게일이 사기꾼이라는 것을 증명하기 위해 필사적으로 노력한다.

인물탐색 댄포스와 헤이손이 법정에 참여함으로써 힘이 실린다. 그들에게는 법정의 기능이 재판에 관련된 사람들보다 중요하다. 따라서 너스가 판사들에게 처녀들이 마녀사건 전말을 꾸며냈다고 말하자 그들은 그를 위험한 사람으로 본다. 너스는 법정과 재판진행, 그리고 댄포스와 헤이손까지 의심한다.

탐욕을 먹고 자라는 마녀사냥

프락터와 메리 워렌이 제의실로 들어간다. 프락터가 댄포스에게 메리 워렌은 망령들을 보지 못했다고 말한다. 댄포스는 메리 워렌이 서명한 선서증언을 받아들이지 않지만 그녀와 이야기를 나누는 데는 동의한다.

댄포스는 메리 워렌에게 망령들에 대해 묻는다. 그녀는 자기와 다른 처녀들은 단지 망령들을 본 척만 한 것이라고 말한다. 댄포스는 또한 프락터가 법정의 명예를 훼손하려 하고 있는지 밝히기 위해 그에게 질문을 하고, 감추고 있는 것은 무엇이든 밝혀질 것이라고 경고한다. 프락터는 법정이 오직 어린아이들의 고발을 근거로 유죄판결을 내리고 있다고 말한다.

댄포스는 프락터에게 엘리자베스가 임신했다고 주장한다고 알려준다. 법정은 실제로 엘리자베스를 조사해 보았지만 임신을 증명할 어떤 조짐도 찾을 수 없었다. 프락터는 댄포스에게 아내는 '결코 거짓말을 하지 않는다'고 말한다. 댄포스는 태어나지 않은 아기 때문에 엘리자베스를 다음 해까지 살려두는 데 동의한다.

프락터는 댄포스에게 레베카 너스와 마사 코리가 선량하고 점잖은 여자들이라고 진술한 증거를 제출한다. 91명이 그 문서에 서명했다. 패리스는 그 사람들이 법정을 의심하므로 소환해야 한다고 주장한다. 프랜시스 너스는 그들에게 그 문서에 서명해도 아무런 보복이 없을 것이라고 직접 약속했기 때문에 당황한다.

댄포스는 자일즈 코리의 선서증언을 읽는다. 토머스 푸트넘이 방으로 소환된다. 코리는 푸트넘이 자기 딸에게 조지 제이콥스의 마녀행위를 거짓 고발하도록 사주했다고 밝힌다. 그리고 마녀행위로 교수형 당한 사람은 재산권을 모두 박탈당하기 때문에 푸트넘은 제이콥스가 교수형 당하기를 바라고 있다고 주장한다. 푸트넘은 기회만 주어진다면 세일럼에서 제이콥스의 땅을 구입할 수 있는 유일한 사람이다. 푸트넘은 그 비난을 부인하고, 댄포스는 코리에게 증거를 요구한다. 코리는 푸트넘의 말을 엿들은 사람의 이름을 대려고 하지 않는다. 법정은 코리를 법정모독죄로 체포한다.

헤일은 댄포스에게 사람들이 법정을 두려워한다고 말한다. 댄포스는 화를 내며 오직 죄를 지은 자들만이 두려워할 것이라고 응대한다. 헤일은

동의하지 않고 댄포스에게 처녀들이 고발한 사람들이 모두 다 유죄일 수는 없다고 말한다.

댄포스는 메리 워렌의 선서증언을 읽는다. 그녀는 결코 악마를 보지 못했으며 다른 처녀들이 거짓말을 하고 있다는 내용이다. 헤일은 변호사가 프락터의 주장을 제시해야 한다고 말한다. 헤일과 댄포스는 이 문제를 두고 논쟁을 벌인다. 그 증언을 읽고 난 패리스는 자신이 메리 워렌을 심문하도록 허락해 달라고 법정에 요구한다. 댄포스는 패리스에게 화를 내며 그 요구를 받아들이지 않는다.

댄포스는 메리 워렌에게 진실을 말해야 한다고 경고하고, 이전의 증언이나 이번 증언에서 위증을 했으므로 감옥에 가게 될 것이라고 알려준다.

·풀어보기

인물 탐색 댄포스가 메리 워렌에게 질문하고, 그녀가 자신과 다른 처녀들이 거짓말을 했다고 시인할 때 긴장감이 생긴다. 댄포스는 자신이 진실을 받아들이는 공정한 판사라고 믿는다. 그러나 메리 워렌의 증언 철회는 그로 하여금 자신의 행동에 의심을 품게 만든다. 댄포스는 프락터의 주장이 전체 법정과 재판 진행에 영향을 미치기 때문에 그의 얘기를 듣는 데 동의한다. 그가 프락터의 말을 듣고 프락터가 증거를 제시한 후에 판단하겠다고 생각하는 것은 공정성을 유지하기 위해 어느 정도 노력하고 있다는 것을 증명한다. 그러나 만약 프락터가 그 고발이 거짓임을 증명하면 댄포스는 처녀들이 자신을 속였다는 것을 인정해야 하기 때문에 갈등한다. 만약 아이들에게 속았다는 사실을 인정하면 자질이 부족한 판사임을 증명하는 셈이다. 또한 무고한 사람들을 교수대로 보냈다는 사실은 틀림없이 그가 판사로서 실패했다는 증거가 될 것이다.

　　패리스와 헤일은 뚜렷하게 대비된다. 비록 완벽하진 않지만 헤일은 다른 사람들을 중심에 두고 행동한다. 반대로 패리스는 자기중심적이고 편협하며, 균형을 유지하지 못한다. 그리고 극이 진행되어감에 따라 지위와 권위를 유지하기 위해 병적으로 변해간다. 이 장에서 패리스는 여전히 프락터에게 원한을 지니고 있음을 드러낸다. 패리스는 처녀들이 거짓말을 하고 있다는 프락터의 주장을 숙고하기는 커녕 믿지 않으려고 한다. 패리스는 프락터가 자기를 반대하는 무리의 주동자라고 생각하고 있으며, 자기 자신과 목사직을 지키기 위해서라면 무슨 짓이든 마다하지 않을 것이다.

주제 탐색 　코리, 푸트넘, 댄포스 사이의 대화에서는 탐욕과 힘의 추구가 다시 나타난다. 또 다른 고발자가 감춰진 목적에 따라 행동하고 있다는 주장이 제기되어 댄포스는 어려운 상황에 직면한다. 코리에게는 푸트넘의 딸 루스가 조지 제이콥스를 마녀행위로 고발하면 땅을 차지하게 될 것이라고 푸트넘이 이야기하는 것을 엿들은 증인이 있다. 이 결정적인 정보는 루스가 망령들에게 공격을 당한 척하고 있다는 것을 폭로하고, 레베카 너스에게 불리한 푸트넘의 주장도 의심스럽게 한다. 즉 푸트넘 가족이 자신들의 책임을 레베카에게 떠넘겼다는 것을 암시할 뿐만 아니라, 그들이 땅을 얻기 위해 그런 행동을 했다는 생각을 입증한다. 푸트넘은 기회주의적이며 다른 사람들의 불행에서 기꺼이 이득을 취하려 한다.

문학적 장치 코리가 증인의 이름을 밝히려 하지 않을 때 아이러니가 생긴다. 코리가 푸트넘에 대해 던진 비난은, 만약 댄포스가 그 증거를 분석하려고만 든다면 마녀재판을 끝낼 충분한 정보를 제공한다. 그러나 댄포스는 푸트넘에게 가해진 비난을 증거가 없다면서 무시한다. 얄궂게도 이 시점까지 법정은 오직 어린아이들의 증언에만 의존해 증거도 없이 유죄선고를 내려왔다.

간통 사실을 털어놓는 프락터

댄포스는 아비게일과 세 명의 처녀를 제의실로 소환해서 아비게일에게 질문한다. 그녀는 자신이 거짓말을 하고 있으며 엘리자베스를 허위로 고발했다는 메리 워렌의 비난을 부인한다.

댄포스는 처녀들이 숲에서 춤춘 것을 알게 된다. 헤이손은 메리 워렌에게 질문하고, 기절한 척해 보라고 요구한다. 그녀가 못하자 그는 그것 보라며 지금 거짓말을 하고 있는 것이라고 주장한다.

댄포스가 아비게일에게 망령들을 머릿속에 그릴 수 있었는지 묻자 그런 가능성을 부인한다. 갑자기 아비게일과 다른 처녀들이 메리 워렌이 그녀의 망령을 자기들에게 보내고 있다고 주장한다.

프락터는 아비게일을 창녀라고 부르고, 법정에서 그들의 정사에 관해 이야기한다. 그리고는 엘리자베스는 거짓말을 할 줄 모른다고 변호한다. 법정은 엘리자베스를 소환한다. 방에 들어온 그녀는 프락터와 아비게일이 자기에게 등을 돌리고 있는 것을 본다. 댄포스가 엘리자베스에게 왜 아비게일을 해고했는지 묻자 프락터와 아비게일의 정사를 감추기 위해 거짓말을 한다.

아비게일과 처녀들은 다시 메리 워렌을 고발하기 시작한다. 메리 워렌은 증언을 번복하고, 프락터가 아비게일이 거짓말을 한다고 말하도록 강요했다고 주장한다. 댄포스는 프락터에게 악마와 결탁했는지 묻고, 그를 체포하게 한다. 헤일은 재판 진행에 반기를 들고 법정을 떠난다.

문학적
장치
3장에서는 모든 것이 폭로되고, 시간을 맞추는 것이 가장 중요한 요인 중 하나임이 밝혀지기 때문에 희곡에서 가장 긴장된 부분이다. 프락터는 메리 워렌이 용기를 잃기 전에 아비게일에게 맞서 증언하는 것이 매우 중요하다는 사실을 깨닫는다.

모든 유죄선고는 아비게일의 권위를 키우며 법정이 피고들을 무죄 선고할 가능성은 줄어든다. 프락터는 메리 워렌이 아비게일에 맞서 증언하기를 두려워한다는 것을 안다. 메리 워렌이 거짓말을 하고 있다는 아비게일의 주장에 댄포스가 솔깃하는 듯 보이자 프락터는 아비게일과 다른 처녀들이 숲에서 춤추는 것을 패리스가 보았다고 말한다. 이 정보는 댄포스에게 큰 영향을 미친다. 이제 댄포스는 아비게일을 달리 보며, 프락터를 믿는 쪽으로 기운다.

헤이손이 메리 워렌을 반대 심문하는 동안 댄포스의 마음은 다시 아비게일에게로 기운다. 헤이손이 메리 워렌에게 다시 기절한 척해 보라고 요구하는 것은 당연하다. 만약 그녀가 처음에 기절한 척했다면 다시 그렇게 할 수 있어야 한다. 그러나 그렇게 하지 못한다.

메리 워렌이 기절하거나 발작을 일으키지 못한 것은 아비게일에게 하나의 단서가 된다. 법정의 견해로는 메리 워렌이 못하는 것은 처녀들이 그런 행동을 꾸며낼 수 없다는 것을 증명하며, 메리 워렌의 악령이 아비게일을 공격하고 있다는 그녀의 잇따른 주장을 유리하게 해준다.

다만 프락터가 창녀라고 비난할 때 그녀는 발작을 멈추어, 댄포스의 신뢰를 잃는다. 프락터가 법정에서 자신의 정사와 아비게일의 음모를 이야기할 때, 그는 법정에 그 재판을 끝낼 또 다른 기회를 준다. 그러나 댄포스는 코리가 증인을 밝히려 하지 않았기 때문에 푸트넘에게 불리한 코리의 주장을 배척했듯이, 엘리자베스가 거짓말을 한다는 이유만으로 아비게일이 창녀라는 프락터의 주장을 받아들이지 않는다.

문학적 장치 댄포스는 진실을 찾으려 하지만 진실을 들어도 인정하지 않기 때문에 아이러니가 명백하다. 아비게일과의 정사를 7개월이나 숨겨온 프락터는 진실을 말해도 믿어주는 사람이 없다. 그리고 진실하게 살아온 엘리자베스는 남편의 비밀을 지키기 위해 거짓말을 하며, 그것 때문에 두 사람은 유죄 선고를 받는다. 메리 워렌은 거짓말을 했다가 마침내 진실을 말하지만 목숨을 구하려고 다시 거짓말을 한다. 유일한 승자는 아비게일 윌리엄스로, 계속 거짓말을 한다. 그리고 진실의 도구여야 할 법정은 진실을 말하는 자들에게 유죄를 선고하고 거짓말쟁이들을 믿는 위치에 있다.

목숨을 부지하려고 믿음을 손상시키기를 거부하는 사람들에 의해 진실은 결국 승리를 거둔다. 그러나 진실을 주장하는 사람들은 종종 목숨을 바쳐야 하는 값비싼 대가를 치른다.

인물탐색 법정에서 프락터가 혼외정사를 시인하고 엘리자베스가 그 정사를 감추기 위해 거짓말을 하는 것은 그들의 결혼생활에서 하나의 전환점이 된다. 프락터는 치욕을 당하지만 엘리자베스의 생명을 구하기 위해 정사를 폭로함으로써 아내에 대한 충절과 사랑을 증명한다. 그 상황은 또한 엘리자베스를 바꿔놓는다. 그녀는 프락터라는 이름이 그에게 중요하다는 것과 그가 진심으로 자기를 사랑하지 않는다면 정사를 인정함으로써 명성을 더럽히지 않으리란 것을 안다. 마침내 그녀는 다시 그를 신뢰하게 된다.

4막 1장

줄거리　사라와 티투바

　세일럼 감옥. 헤릭 보안관은 사라 굿과 티투바를 다른 감방으로 옮기기 위해 깨운다. 사라와 티투바는 헤릭에게 악마를 기다리고 있다고 말한다. 그들은 악마와 함께 바베이도스로 달아날 계획을 세운다.

　몇 달이 지나갔다. 1막은 1692년 봄에 시작되었으며, 이제 계절은 가을이다. 법정은 이미 세일럼에서 열두 명을 처형했으며, 오늘 일곱 명을 더 처형하기로 되어 있다.

　비록 티투바는 1막에서 다른 사람들이 악마와 '거래한' 것에 대해 알고 있는 대로 이야기하고, 그녀가 악마와 동맹을 맺은 것을 밝히면 목숨을 구하게 될 것이라는 말을 들었지만 투옥되어 있다. 사라와 티투바는 오랫동안 감금되어 있어서 자신들이 악마와 결탁하고 있다고 믿게 된다. 차가운 날씨, 비참한 환경, 음식 부족으로 인해 그들은 망상에 빠진다. 그들은 헤릭에게 자기들이 바베이도스로 날아갈 수 있도록 악마가 자기들을 새로 바꿔줄 것이라고 말한다. 마녀행위를 했다는 고발을 내면화한 그들은 이제 자신들의 상황을 벗어나기 위해 고발을 이용한다.

　헤릭은 더 이상 악마라는 개념과 사라나 티투바를 두려워하지 않기 때문에 기꺼이 사라와 티투바에게 합류하는 것은 주목할 만하다. 이 시점에서 편집증은 오직 법정에만 남아 있다. 세일럼 사람들은 마녀재판과 그것이 만들어낸 공포와 불확실의 분위기에 지쳐 있다.

4막 2장

: 줄거리 고개를 드는 주민들의 반감

패리스는 댄포스와 헤이손을 불러서 헤일이 죄수들에게 죄를 고백하도록 설득하고 있다고 알려준다. 또한 댄포스에게 아비게일과 머시 루이스가 사라졌다고 말한다. 그는 아비게일이 패리스에게 강도짓을 했으며, 머시와 함께 배를 탔을 것이라고 믿는다.

댄포스와 패리스는 최근 앤도버에서 일어난 폭동에 대해 논의한다. 패리스는 세일럼 주민들이 앤도버에서처럼 법정을 축출하지 않을까 우려하고, 마을사람들이 곧 있을 레베카 너스와 존 프락터의 처형을 달가워하지 않는다고 말한다. 문 밖에서 단도를 발견한 패리스는 두려움에 떤다. 그는 댄포스에게 헤일이 한 죄수에게 고백하도록 설득할 때까지 처형을 늦추도록 설득하려 한다. 댄포스는 거절한다.

: 풀어보기

주제 탐색 푸트넘 같은 몇몇 사람들은 마녀재판 덕을 보았지만, 전반적으로 재판 진행은 세일럼을 황폐화시켰다. 법정은 가정을 파괴하고 아이들을 고아로 만들었다. 들판은 텅텅 비고, 가축은 주인 없이 거리를 돌아다닌다. 이런 결과들은 주목할 만하다. 원래 사람들은 그 재판이 당사자들에게만 영향을 미칠 것이라고 생각했지만 재판과 공동체의 관계를 무시할 수 없기 때문이다. 재판은 세일럼 공동체에서 악을 제거하고 사람들을 통합시켜주기는 커녕 공포분위기를 조성하고 이웃들 간의 유대를 파괴했다.

비록 아무도 앤도버에서처럼 법정을 내몰려는 시도를 하지 않았지만 불만의 소리가 메아리치고 법정에는 불안감이 감돈다. 세일럼 주민들은 공포 속에서 사는 데 지친다. 법정은 많은 사람들을 고발했고, 열두 명을 처형했다. 프락터는 수감된 지 3개월이 되었으며, 마을사람들에게 지난 일을 생각해볼 시간을 주었다. 그리고 아비게일이 하나님의 대변인으로 봉사하는 것이 아니라 자신의 복수를 위해 행동하고 있다고 믿게 된 마을사람들은 넌더리를 낸다. 패리스가 발견하는 단도는 세일럼의 표면 바로 아래에 자리한 잠재적 폭력을 나타낸다.

댄포스와 패리스는 법정에 대한 대중의 감정이 변하고 있음을 깨닫는다. 이 시점에서 그들의 행동은 주목할 만하다. 댄포스는 재판을 계속하겠다는 단호한 결심을 표명한다. 3막 1장은 댄포스가 법정의 조치가 지닌 의미보다는 자신의 안위에 관심이 있다는 사실을 입증했다. 4막 2장은 그의 이전 행동을 더욱 분명히 보여준다. 그는 처형 연기가 자신의 나약함과 판결에 대한 의구심을 암시하게 될 것이라고 믿는다. 그는 정의보다는 자기에 대한 대중의 인식을 더 중요하게 생각한다.

인물탐색 2장은 패리스와 헤일을 계속 대비시킨다. 패리스에게 는 자기보호가 동기를 부여하는 반면, 헤일은 정의실현 욕구에 의해 움직인다. 패리스는 무고한 사람들의 죽음이 아 니라 자기 목숨이 걱정되어 사형 집행을 연기하도록 댄포스를 설득한다. 이제 그는 군중에게 죽음을 당할까봐 두려워한다. 목회 참가자들도 줄어들었다. 이런 감소는 부분적으로는 목사 로서의 패리스에 대한 불만에 기인한다. 그러나 사람들이 패 리스를 법정의 지지자로 인식하기 때문에 그것은 또한 법정에 대한 불만이기도 하다.

아비게일이 사라진 것은 세일럼에 감도는 불안을 더더 욱 입증한다. 프락터가 그들의 정사를 폭로한 이후 아비게일 은 법정에서는 아니더라도 사람들에게는 신뢰를 상실했다. 아 비게일은 이제 프락터가 자기 계획을 방해했다는 것을 깨닫는 다. 그녀는 마녀재판 동안 얻은 힘을 모두 잃어버렸을 뿐만 아 니라 애당초 추구했던 프락터마저 잃었다. 그녀의 행위로 프 락터는 교수형을 당하게 되었다. 애초에 마음 먹었던 일들이 기대와 어긋나는 결과를 낳은 것이다. 아비게일에게는 더 이 상 세일럼에 머물 이유가 없다. 마을사람들은 아비게일을 재 앙을 일으킨 사람으로 보고 있기 때문에 패리스에 대한 폭력 의 암시는 아비게일에게도 경고가 된다.

패리스는 아비게일이 사라졌다는 것을 댄포스에게 곧 바로 이야기하지는 않는다. 댄포스가 그 일을 처녀들이 사기

꾸밈을 증명하는 것으로 해석할 수 있다는 사실을 알기 때문이다. 다시 한 번 패리스는 자신의 이익을 지킨다. 그는 세일럼에서 폭동이 일어나는 것을 막기 위해 진실을 감추는데, 그 폭동으로 자신에게 초래될 폭력이 두렵다. 그는 성실성 결여에 대한 대가를 치르고 있다.

아비게일이 사라진 것을 알고 댄포스가 보이는 반응은 3막 2장과 3장의 행동을 연상시킨다. 그는 아비게일이 세일럼을 떠난 의미를 깊게 생각하지 않는다. 그런 숙고는 법정과 법정의 행위에 대해 다시 생각해 보게 만들 것이기 때문이다. 아비게일의 도주에 대해 아무것도 모르는 듯이 행동하는 편이 훨씬 쉽다. 그래야 자기 행동에 대한 확신을 갖게 되기 때문이다. 따라서 사람들이 열두 명의 처형이 잘못되었다고 생각할지도 모른다는 두려움으로 인해 교수형 집행을 연기하지 않을 것이다. 만약 연기한다면 그는 신뢰를 상실할 것이다. 비록 주모자가 도주한 이후 그들의 유죄에 의심을 품지만 기꺼이 일곱 명을 더 처형하려 한다.

줄거리　　프락터 부부, 극적으로 화해하다

헤일은 댄포스에게 죄수들 중 아무도 고백하지 않을 것이라고 말하고, 사형수 일곱 명을 용서하거나 그들이 고백하도록 설득할 시간을 더 달라고 요청한다. 댄포스는 거절한다.

헤일은 엘리자베스를 소환해 법정이 프락터를 교수형에 처하지 않도록 남편이 죄를 인정하도록 설득하라고 요청한다. 엘리자베스는 그의 이야기를 받아들인다. 프락터와 엘리자베스는 자식들과 임신중인 아이에 관해 논의한다.

프락터는 자백을 고려하고 있다고 시인하면서 만약 그렇게 하면 자기를 존경하겠느냐고 묻는다. 엘리자베스는 자백은 그가 결정할 일이며, 정사에 대해서는 용서했다고 말한다. 그녀는 불안감으로 인해 차갑고 의심 많은 아내가 되었기 때문에 자신도 그 정사에 대해 일부 책임이 있다는 것을 깨닫는다.

풀어보기

3장은 프락터와 엘리자베스의 관계에 극적인 변화를 보여준다. 그들은 서로를 용서하고 감정을 교류하는 법을 배운다. 엘리자베스는 정사에 대해 프락터만 전적으로 비난할 수 없다는 것을 깨닫는다. 그녀는 불안감 때문에 프락터를 신뢰할 수 없었고, 메마른 감정으로 인해 그들 사이에 거리가 생겼다. 프락터는 그녀가 자신의 감정을 이야기할 때 더 이상 그를 비난하지 않는다는 것을 깨닫게 되고, 그녀가 용서했다고 말하자 그대로 믿는다. 이제 그들은 과거를 정리하고 미래를 생각하기 시작한다.

자백하겠다는 프락터의 결정은 처음에는 대단해 보이지만 선택의 여지를 숙고해 보면 그리 놀랄 일이 못 된다. 세일럼 법정은 그(녀)가 '선한 양심'을 지녔다면 죄가 없다는 것을 확인하게 되겠지만 마녀행위는 다르다고 말한다. 3막 2장에서 댄포스는 헤일에게 마녀행위는 목격자가 없는 '보이지 않는 범죄'라고 말한다. 그 결과, 일단 마녀행위로 고발되면 그(녀)는 유죄다. 세일럼 법정에서는 유죄가 확정될 때까지는 무죄라는 현대적 법사상이 적용되지 않는다. 반대로 일단 고발되면 유죄라는 생각이 지배적이다. 따라서 고백은 생명을 구하기 위해 할 수 있는 유일한 거래다.

프락터는 아비게일과 메리 워렌의 고발을 비난했기 때문에 마녀행위의 죄가 있다. 그에게는 죄를 고백하지 않고 교수형을 당하거나, 아니면 범죄를 고백하고 살 수 있는 길이 있다. 어느 쪽이든 법정은 유죄를 선고하지만, 자백은 범죄에 대한 참회를 보여주고 처형에서 구해 준다. 프락터와 엘리자베스는 거짓 자백은 그가 목숨을 구하기 위해 치러야 할 작은 대가라고 깨닫는다. 부부는 마침내 결혼생활을 다시 시작할 지점에 도달하고, 그 기회를 잃고 싶지 않다.

프락터, 교수대로

프락터는 구두로 마녀행위를 자백하고, 다른 사람을 끌어넣으려 하지 않는다. 댄포스는 그에게 법정은 자백의 증거로서 서명된 진술서가 필요하다고 알려준다. 레베카 너스가 프락터의 구두 자백을 듣는다. 그녀는 프락터의 행위에 충격을 받지만 여전히 마녀행위를 자백하려 들지 않는다. 프락터는 자백서에 이름을 기재했다가 법정이 그것을 교회 문에 붙일 것임을 알게 되자 파기한다.

법정 관리들은 프락터를 감옥에서 끌어내 교수대로 데려간다. 헤일은 엘리자베스에게 프락터의 마음을 돌려보도록 간청한다. 엘리자베스는 거절한다. 그녀는 남편이 이제 평화를 찾았음을 깨닫는다.

프락터가 자백하겠다고 말하자 엘리자베스는 남편이 함께 집으로 돌아가 가정을 재건하고 싶어하는 마음에서 내린 결정이라고 생각한다.

4장은 프락터의 외로운 싸움을 보여준다. 프락터는 자백서 서명은 거짓말을 하는 것임을 알고 있으며, 명예 훼손은 가장 견디기 힘든 일이다. 그는 정직하고 싶은 욕망과 가정을 지키고 싶은 욕망 사이에서 분열된다. 프락터는 만약 자백하더라도 하나님은 용서할 것이라고 믿는다. 헤일이 말하듯이 '생명은 하나님의 가장 소중한 선물이다. 따라서 어떤 원칙이 아무리 영광스럽더라도 생명을 빼앗는 것을 정당화하지는 못하기' 때문이다.

프락터는 자신이 정직하다고는 생각하지 않는다. 사실, 자기가 아무런 나쁜 짓도 저지르지 않은 레베카 너스 같은 사

람들과 비교된다는 생각에 움찔한다. 물론 프락터는 마녀행위를 하지 않았다. 하지만 그 자신에 따르면, 그는 타락한 사람, 아내와 자기 자신에게 죄를 지은 사람이다.

그는 기꺼이 자신의 명예를 희생시키려 한다. 이미 간통을 인정함으로써 명예를 저버렸다. 그리고 만약 자백한다면 다른 사람들이 자기를 다르게 볼 것이라는 사실을 알면서도 살아갈 수 있다. 하지만 자신의 자백이 교회 문에 내걸리는 치욕은 참을 수 없다. 자신의 자백을 교회 문에 내거는 것은 자백을 거부하는 모든 사람을 배반하는 일이라고 믿기 때문이다. 특히 진실을 떠받치는 곳으로 여겨지는 교회에 공시하는 것은, 명예를 지키기 위해 죽음을 선택하는 사람들을 모욕하는 짓이 될 것이고, 그에게서 자존심과 정체성을 빼앗아갈 것이다. 프락터의 자백서 파기 결정은 그가 진실에 충실하다는 것과 자기 자신의 거짓을 쉽게 받아들일 수 없다는 것을 보여준다.

인물분석 노트

아비게일 윌리엄스　　○

존 프락터　　○

헤일 목사　　○

○ 아비게일 윌리엄스

　　극을 이끌어가는 견인차다. 처녀들이 숲에서 티투바를 만나는 데 거의 전적인 책임이 있다. 일단, 패리스가 그들을 발견하자 그녀는 자신의 행동을 감추려고 한다. 만약 그녀가 엘리자베스 프락터에게 마법을 건 것을 고백한다면 프락터와 가진 정사가 탄로날 것이기 때문이다. 그녀는 정사를 숨기고 마녀행위의 처벌을 막기 위해 거짓말을 한다. 다른 사람들이 마녀행위를 했다고 고발함으로써 관심을 다른 사람들에게로 이동시키는 것이다. 그리고 자기를 지키기 위한 이런 필사적인 행위를 통해 힘을 얻는다.

　　그녀는 엘리자베스와는 정반대로, 모든 청교도들이 지닌 억압된 성적·물질적 욕망을 대변한다. 그녀는 프락터의 집에서 일하는 동안 프락터에게 끌리는 것을 깨닫는다. 청교도적 사고방식에 따르면 그것은 죄가 된다. 그러나 그녀는 프락터를 따라다니고 마침내 유혹한다.

　　청교도 사회의 금기를 넘어서는 태도는 다른 등장인물들과 구분되며, 그녀의 몰락을 초래한다. 그녀는 멋대로 행동하고, 불가능하거나 자기 손이 미치지 않는 것은 없다고 믿는다. 이런 놀랄 만한 자질은 종종 창조력과 삶에 대한 갈망을 낳는다. 그러나 그녀에게는 자신을 통제할 양심이 없다. 그 결과 프락터와의 정사에서 어떤 잘못도 깨닫지 못한다. 오히려 프락터와 함께 있는 것을 엘리자베스가 방해한다고 생각하고 분개한다.

그녀는 "전쟁과 사랑에서는 모든 것이 공평하다"는 구절에 새로운 의미를 부여한다. 그녀는 프락터와의 성적 만남에 대해 곰곰이 생각하면 생각할수록 프락터가 자기를 사랑하고 있지만 엘리자베스 때문에 표현하지 못하는 것이라고 점점 더 확신하게 된다. 그리고 자신의 기억을 되새기고 수정해서 마침내 자기 자신을 프락터의 존재의 중심으로서 정확하게 그려낸다. 아픈 아내가 있는 남성의 외로움과 불안감을 이용해 먹는 열일곱 살짜리 꼴사나운 계집애가 아니라 진정한 연인이자 이상적인 배우자감이라고 생각하는 것이다. 그리고 그 환상을 성취하려면 엘리자베스를 제거해야만 한다고 굳게 믿는다.

그녀의 환상은 나이를 반영한다. 그녀는 이상적인 남성에 대해 백일몽을 꾸는 어린 처녀다. 그러나 대부분의 등장인물을 능가하는 성숙함이 묻어나는 예리한 통찰력과 간교함을 갖추고 있다. 마녀행위가 있었다고 단언함으로써 세일럼에서 즉각 지위를 얻고 인정을 받으며, 힘을 소유한다. 그리고 공포와 협박 분위기를 조성하기 위해 자신의 권위를 이용한다. 다른 처녀들이 자기 계획을 따르지 않으면 무섭게 위협하고, 만약 그들의 충성이 거짓임이 밝혀지면 서슴없이 마녀행위로 고발한다. 메리 워렌의 경우가 그렇다.

자신의 목적을 달성하려면 냉정한 계산이 필요하다. 따

라서 신뢰를 강화하기 위해 고발할 사람들을 주의 깊게 선택한다. 먼저 마을의 주정뱅이들과 부랑자들을 고발한다. 사회가 이미 그들에게 유죄 선고를 내릴 준비가 되어 있음을 알기 때문이다. 사람들이 체포될 때마다 그녀의 지위는 강화되며, 발작과 실신을 함으로써 권위도 한층 강해진다. 엘리자베스를 고발하기 전, 법정이 자기를 논박할 수 없는 인물로 볼 때까지 기다리기로 하는 결정은 그녀의 결의와 프락터에 대한 집착을 보여준다. 무고한 사람들을 죽음으로 몰아넣고 있다는 사실은 전혀 개의치 않는다. 그들은 단지 계획을 성취하기 위한 도구에 불과하다. 극의 결말에서 자신의 계획이 실패했으며 프락터를 교수형 당하게 했다는 것을 깨달을 때 그녀의 행동을 지배하고 있는 냉담한 무관심이 드러난다. 프락터에게는 눈길 한 번 주지 않은 채 세일럼에서 달아나고 마는 것이다.

O 존 프락터

고통을 당하는 개인이다. 아비게일과의 정사가 하나님과 아내와 자신이 보기에 돌이킬 수 없는 해를 끼쳤다고 생각한다. 사실 그는 죄에 굴복하고 간통을 범했지만 자신을 용서하지 못하는 것이다. 당연히 부부 관계는 이 이야기의 대부분에서 긴장상태를 유지한다.

죄의 무게 외에도 그 죄를 고백해야 한다는 사실이 괴롭다. 이미 죄와 후회에 짓눌려 있기 때문에 자신의 죄를 밝히기가 두렵다. 자신의 비행을 공개적으로 밝히면 죄의 무게만 무거워지고, 그로 인해 죄가 더 커질 것이라고 믿는다.

자신의 정사를 법정에서 밝히기로 한 프락터의 결정은 얄궂게도 그의 선(善)을 증명한다. 그는 아내를 보호하기 위해 기꺼이 명예를 포기하고, 이를 통해 아내의 신뢰를 회복한다. 그가 거짓 자백서를 폐기하는 행위는 성실성을 예증하는 것이다. 비록 살고 싶지만 그것이 남은 생애를 거짓말 속에서 살아야 한다는 뜻이라면 별 의미가 없다. 이런 깨달음은 엘리자베스의 용서와 더불어 그로 하여금 스스로를 용서하고 마침내 명예와 자존심을 회복할 수 있게 해준다. 그는 법정 관리들이 교수대로 데려갈 때 이 희곡에서 처음으로 평화를 얻는다.

○ 헤일 목사

신앙과 개인에 대한 믿음이 분열되어 있다. 그는 세일럼을 평가하도록 소환된 '영적인 의사'다. 그의 일은 마녀행위가 있는지 진단하고, 개종이나 '감염된' 사람들을 '제거함으로써 필요한 치료를 하는 것이다. 그는 신앙과 주어진 일에 헌신한다. 선한 의도와 고통당하는 사람들을 도와주려는 진지한 욕망이 그에게 동기를 부여한다.

불행하게도 그 역시 약점이 있다. 마녀행위를 밝혀내려는 열정 때문에 다른 사람들, 특히 아비게일에게 기만당한다. 그가 세일럼에 올 때 마녀행위에 관한 증거는 많다. 비록 그는 마녀행위를 증명하지 못하면 마녀행위를 단언하지 않겠다고 결심하지만 세일럼 사람들의 기대에 압도당한다. 그 결과 증거들을 직접 조사하기보다는 액면 그대로 받아들인다.

프락터와 마찬가지로 부정확한 판단과 신념 때문에 신망을 잃지만, 나중에는 단점을 고치려고 애쓴다. 그는 법정 구성원들 중 법정의 결정에 의문을 품는 유일한 사람이다. 모반자는 아니며, 법정의 권위를 뒤엎고 싶어하지도 않지만 정의를 위해 노력한다. 아비게일이 사기꾼이라는 것을 깨닫자마자 다른 죄수들에게 처형을 피하기 위해 자백하라고, 말하자면 거짓말을 물리치기 위해 거짓말을 하라고 설득하는 데 노력을 기울인다. 그가 요구하는 거짓말은 법정이 이미 저지른 명예훼손을 더욱 심화시킬 뿐이며, 어떤 진실도 남지 않게 되리란 점을 간과하는 것이다.

이 극에서는 헤일의 신앙과 이해력을 가혹하게 시험한다. 그는 아이들이 그의 확고한 믿음을 기만했다는 것을 인정해야 한다. 또한 죄 없는 사람들을 죽음으로 몰아넣었다는 것도 깨달아야 한다. 이런 인식은 무거운 짐이지만 헤일을 보다 나은 사람으로 바꿔 놓는다. 비록 그는 자신의 신앙과 교리에 의문을 품지만 종교를 완전히 버리지는 않는다. 그는 자기가 유죄 선고를 내린 사람들을 통해, 특히 레베카 너스와 엘리자베스 프락터를 통해 진정한 신앙을 어렴풋이 보게 된다.

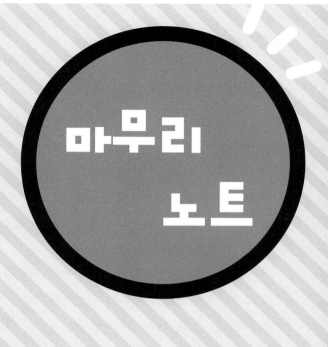

마무리
노트

밀러의 화법(話法)

〈크루서블〉의 무대 공연은 두 가지 영역에서 다른 공연들과 다르다. 먼저 감독들은 인물들에 대해 여러 가지 해석을 제시하면서 다양한 소품과 의상을 이용해 극을 자신의 스타일에 따라 무대에 올린다. 두 번째로 배우들은 각각의 해설에 나름대로의 스타일을 부여하기 위해 다양한 목소리 변조와 몸짓과 함께 대사를 다르게 읽는다.

밀러는 또한 감독과 배우들뿐만 아니라 관객과 독자를 위해 또 다른 변화의 기회를 제공한다. 무대 지시로서 다듬어지지 않은 긴 해설들이 대본에 주기적으로 나타난다. 예를 들면, 1막의 시작 부분에서 무대장치, 소품, 무대에서 패리스와 베티의 위치에 대한 지시가 나온다. 그러나 연기가 시작되기 전, 패리스의 포괄적인 심리적 윤곽도 제공한다. 패리스가 말하기에 앞서 내레이터가 "그는 비열하게 살았으며, 그에 대해 좋게 말할 건더기는 거의 없다"라고 언급하는 것이다. 나중에는 1장에서 푸트넘의 배경 정보를 알려주기 위해 연기를 중단시킨다. 그리고 3장에서 프락터를 위해, 4장에서 레베카를 위해, 5장에서는 헤일과 자일즈를 위해 똑같은 일을 한다. 그러한 중단에는 주요한 인물들에게 설명을 추가하는 한편, 해설에 사회적 논평까지 들어 있다.

감독이 4페이지에 달하는 어떤 서술 부분들을 극 자체

에 포함해야 하는가 하는 의문을 갖기도 한다. 언뜻 보기에는 실제 공연에 포함되어야 할 것 같지만 그렇게 되면 내레이터가 그 부분을 읽어주어야 하고, 연기가 계속 중단되어 관객이 극에 몰입하기 어렵기 때문이다. 따라서 서술 부분들은 감독들과 배우들에게 배경 정보를 제시하는 기능에 그쳐야 한다.

해설 기능을 하는 구절들은 감독과 배우들에게 등장인물들과 그 시대에 대해 보다 나은 이해를 제공함으로써 등장인물의 동기에 초점을 맞출 수 있도록 해준다. 등장인물들은 그들 사이의 긴장을 보다 실감나게 느끼기 때문에 더욱 몰입하게 된다. 예를 들면, 토머스 푸트넘과 여러 명의 다른 인물들, 특히 프랜시스 너스 사이에는 분명한 긴장이 존재한다. 토머스 푸트넘 역의 배우는 탐욕에 사로잡힌 인물을 만들어내야 한다. 만약 푸트넘의 아버지가 의붓형제에게 가장 많은 몫의 재산을 물려주었기 때문에 푸트넘은 아버지의 의지에 도전하려 한 '몹시 격앙된 사람'이었다는 설명을 배우가 인지하고 있다면 푸트넘의 이런 특징을 내면화할 수 있다. 배경을 설명하는 이런 구절들은 좀더 효과적으로 탐욕을 묘사해 그럴 듯한 인물을 낳는다.

이 희곡의 독자들은 배경 정보를 읽기 때문에 일반 관객들과는 다른 경험을 하게 되고, 등장인물들과 극 중 사건들을 해석하는 데 영향을 받게 될 것이다. 해설 부분에서 밀러는 내레이터의 편안하고 신뢰감 있는 목소리를 통해서 독자들에게 직접 말한다. 그 결과 독자들은 그 정보를 내면화하고 그것에 기초하여 등장인물들과 연기를 본다. 독자는 또한 내레이터의 논평에서 도움을 받을 것이다. 내레이터는 진짜 푸트넘은 재판 동안 보복과 개인적 이익을 얻기 위해 많은 사람들을 고발했다고 말함으로써 푸트넘 역을 맡은 사람이 누군가를 거짓 고발할 것이라고 암시하기 시작한다. 비록 내레이터는 그 암시를 끝맺지 않지만 — 그는 단지 '특히 …할 때'라고만 말한다 — 독자들은 자동적으로 푸트넘이 어떤 사람을 거짓 고발할 것이라고 생각하고, 그 결과 푸트넘이 경쟁 관계에 있는 지주를 거짓 고발할 것이라고 예상한다.

역사상의 시기: 세일럼의 청교도들

이 극은 1692년 매사추세츠 주 세일럼이 배경이다. 세일럼은 청교도 공동체다. 그곳의 주민들은 극도로 억압적인 사회에서 살아간다. 비록 청교도들은 종교적 박해를 피해 영국을 떠났지만 정작 미국에서는 종교적 불관용에 토대를 둔 사회를 건설했다. 정부와 종교 당국은 사실상 분리할 수 없었으며, 지방 자치체에 의문을 품는 사람들은 신성한 권위에 의심을 가지면 비난받는다. 청교도 공동체는 육체적 노동과 교리의 엄격한 준수를 신앙, 정직, 성실의 최고 덕목으로 생각한다.

청교도 사회는 공동의 경험과 신앙으로부터 나오는 공동체 의식을 강조한다. 당연한 결과로서 교회는 청교도 문화를 지배한다. 교회는 개인들에게 성경과 공동의 가치에 바탕을 둔 공동체의 도덕적 근원을 통해 모든 사람이 공유하는 경험을 제공한다. 따라서 설교는 성경을 가르치는 도구의 기능을 하며, 신정(神政) 정부는 설교를 통해 계율을 강화한다.

예를 들면, 아담과 이브의 타락에 초점을 맞춘 설교는 육체적 희열의 위험과 욕망에서 생겨난 절박한 거역에 대해 논하게 될 것이다. 확대 해석하면, 청교도 사회는 개인적 욕망뿐만 아니라 개성을 포기하게 한다. 청교도들은 물질적·성적 욕망을 부자연스럽고 사악한 것, 즉 악마의 일이자 사회를 위협하는 것으로 간주한다. 따라서 사회는 물질적·성적 희열을 추구하는 사람은 누구든 처벌한다. 물론, 이런 규칙들을 피해가는 방법들은 존재한다. 〈크루서블〉에서 증명되듯이, 사람들은 원하는 것을 추구하고 획득할 때 교회나 신의 뜻으로 가장하는 한 보복의 두려움 없이 할 수 있다. 그러나 일반적으로 세일럼을 노동과 개인적 욕망의 억제를 강조하는 엄격한 사회로 묘사할 수 있다.

Review

이 부분은 원작에 대한 이해력을 테스트해 보는 난입니다. 다음의 세 가지 코너를 차례로 끝내면, 〈크루서블〉에 대한 포괄적이고 의미 있는 파악이 가능해질 것입니다.

A 다음 질문에 간단히 답하시오.

1. 무엇이 프락터로 하여금 아비게일과의 정사를 끝내도록 자극했나?

2. 왜 푸트넘 부인은 너스 부인을 시샘하는가?

3. 왜 메리 워렌은 프락터를 악마의 부하라고 고발하는가?

4. 가장 먼저 누가 누구를 마녀행위로 고발하는가?

5. 아비게일은 엘리자베스가 어떤 방법으로 자기를 죽이려 했다고 주장했는가?

모범답안: 1. 그는 마음이 꺼림칙했으며 엘리자베스와 신에게 올바른 사람이 되고 싶었다. 2. 너스 부인은 자식이 열한 명이고, 모두 살아남았다. 푸트넘 부인은 자식이 여덟명 있었으나 일곱을 잃었다. 3. 아비게일이 그녀를 마녀로 지목하겠다고 협박하고 있었다. 4. 티투바가 사라 굿을 고발했다. 5. 아비게일은 복부를 바늘로 찔렸고, 그것이 엘리자베스가 인형 몸 안에 바늘을 찌르고 마법을 부렸기 때문이라고 주장했다.

B 원작에서 다음 인용문을 찾아, 그 장면의 세부사항 및 그 장면의 중요성에 대해서 설명하시오.

1. 우리들 사이엔 살인을 저지르는 마녀가 어둠 속에 숨어 있단 말입니다.

2. 날 용서해 줘! 당신은 아무것도 잊어버리지 않고 아무것도 용서해 주지 않아. 좀 관대해져봐.

3. 고발자는 항상 신성합니까? 그들이 오늘 아침에 신의 손가락처럼 깨끗하게 태어나기라도 했단 말입니까? 세일럼에서 무엇이 배회하고 있는지 말씀드리죠. 복수입니다. 우린 예전과 다름없이 세일럼에서 살고 있습니다. 그러나 이제 그 미친 어린아이들이 왕국의 열쇠들을 딸랑거리고 있습니다. 그리고 야비한 복수심이 모습을 드러내고 있습니다.

4. … 누구든 법정 편에 서지 않으면 법정에 반대하는 것으로 간주될 것이오. 중립은 없습니다. 지금은 예민한 시기, 정확한 시기입니다. 우리는 더 이상 악이 선과 뒤섞이고 세계를 만취시키는 어스레한 오후에 살고 있지 않습니다.

모범답안: 1. 1막 1장. 푸트넘이 패리스에게 말하고 있다. 푸트넘 부인과 아비게일 역시 그 자리에 있다. 이 인용문은 임박한 마녀재판을 예고하기 때문에 중요하다. 얄궂게도 푸트넘은 세일럼을 황폐하게 만든 책임이 있는 한 여자를 언급한다. 아비게일은 처녀들이 다른 사람들을 거짓 고발하도록 조장하고, 그것 때문에 죄 없는 사람들이 여럿 교수형을 당하기 때문에 그녀는 비유적으로 '살인을 저지르는 마녀'다. 그녀는 프라터

와의 정사와 엘리자베스를 죽이고 프락터의 아내 자리를 차지하려는 계획을 감추고 싶어한다. 또한 푸트넘이 이 말을 한다는 데 주목하라. 그는 나중에 주요 고발자들 중 한 사람이 되며, 따라서 죄 없는 사람들을 죽이는 데 책임이 있다.

2. 2막 1장. 프락터가 엘리자베스와 이야기하고 있다. '자비'가 마녀재판이 진행되는 동안 사라지고 있다는 사실에 이 인용문의 중요성이 있다. 이웃들은 서로 등을 돌리고, 사적인 이득과 자기 보호가 개인들의 동기가 된다. 프락터의 집에서 자비는 용서와 비슷하다. 후에 프락터와 엘리자베스는 그들의 결혼 문제에 둘 다 책임이 있다는 것을 인정하면서 자비와 용서를 얻는다.

3. 2막 4장. 프락터가 헤일 목사에게 말하고 있다. 엘리자베스가 함께 있다. 프락터가 두 가지 불합리한 일, 즉 마녀재판과 아이들의 무분별한 증언이 무고한 사람들을 유죄로 만들고 있다는 사실을 말하고 있기 때문에 이 인용문은 중요하다. 프락터의 진술 결과 헤일은 재판진행에 의문을 품기 시작한다.

4. 3막 2장. 부지사인 댄포스가 프랜시스 너스에게 말하고 있다. 헤이손 판사, 패리스, 헤일, 프락터, 헤릭, 치버, 메리 워렌 또한 함께 있다. 이 인용문은 이 극의 아이러니를 증명한다. 댄포스는 너스에게 법정은 죄가 없는 사람은 누구든 석방할 것이라고 보장하지만 고발당한 사람들은 모두 유죄선고를 받았다. 법정은 마녀재판을 통해 얻은 권력에 사로잡혀 진실과 정의에 눈이 멀어 있다. 아비게일과 다른 처녀들이 법정을 기만해서 마침내 법정은 진실의 수호자가 아니라 불의의 도구가 된다.

C 다음 주제에 대해 논술하시오.

1. '크루서블'은 지독한 시험으로 정의된다. 제목의 의미를 논술하시오. 이 희곡에서 '크루서블'은 무엇인가? 그것은 개인의 진실한 성격을 어떻게 변화시키거나 드러내는가?

2. 패리스는 목사로서 세일럼 주민들의 영적 발전에 헌신하기로 되어 있다. 패리스의 관심사와 동기에 관해 논술하시오. 그는 유능한 목사인가?

3. 프락터와 아비게일의 관계를 논술하시오. 왜 프락터는 정사를 가졌으며, 무엇이 아비게일과의 정사를 끝내도록 자극했는가?

4. 엘리자베스 프락터와 아비게일 윌리엄스를 비교하시오. 각자의 긍정적인 성격은 무엇인가? 그리고 부정적인 성격은? 그들은 프락터에 대해 어떻게 느끼는가?

5. 엘리자베스는 기만을 경멸한다. 그녀는 도덕적인 여자로 진실을 수호하는 데 헌신한다. 법정에서의 엘리자베스의 행동을 설명하시오. 무엇이 그녀에게 거짓말을 하도록 자극하는가?

6. 엘리자베스를 제거하기 위한 아비게일의 계획을 설명하시오. 이 희곡은 그녀가 티투바와 숲에서 거는 마법의 실현인가?

7. 마녀재판이 세일럼에 미친 영향을 논술하시오. 그 재판은 어떻게 공동체에 영향을 미치는가? 정부와 당국에는? 교회에는? 개인에게는?

8. 4막 4장에서 프락터는 죽음을 모면하려고 거짓 자백에 응했다가 나중에 마음을 바꾼다. 왜 자백을 거부하는지 설명하시오. 그가 발견하는 '약간의 선'은 무엇인가?

一以貫之
논술노트

광기와 불관용 — 익숙한 주제에서 생소한 것들을 끄집어내기 ●

실전 연습문제 ●

一以貫之는 '논어'에 나오는 말로 '모든 것을 하나의 이치로 꿴다'는 뜻입니다.

논술의 주제와 문제 유형, 제시문들은 참으로 다양하고 가지각색입니다. 그러나 그 모든 것을 하나로 꿸 수 있습니다. '인간사회의 보편적 문제들에 대한 근원적인 물음에 답하는 자기 나름의 견해'라는 것이지요. 논술은 인간이면 누구나 부닥치는 개인적 또는 사회적 문제들에 대한 자기 나름의 고민이자 성찰입니다. 논술은 자기견해, 자기 가치관, 자기 삶에 대한 솔직한 고백입니다.

一以貫之 논술연구모임은 '자신의 물음'과 '자신의 생각'을 갖고 '자신의 글'을 쓸 수 있도록 도와줍니다.

〈집필진〉
조형진, 우한기, 이호곤, 박규현, 김법성, 김재년, 김병학, 도승활, 백일, 우효기

광기와 불관용
— 익숙한 주제에서 생소한 것들을 끄집어내기

익숙한 주제, 다양한 변주

〈크루서블〉은 분량이 많지 않고 주제가 어렵지도 않다. 더구나 위노나 라이더가 아비게일로 출연한 영화 〈크루서블〉은 충실하게 원작을 재현하여 영화만 보더라도 놓치는 부분이 별로 없을 것이다. 작가가 〈크루서블〉을 집필한 1953년 미국의 사회 상황과 아서 밀러의 개인적인 상황을 연결해 보면, 주제도 간단하게 정리될 수 있다. 1950년 공화당 상원의원인 매카시가 "국무부에 205명의 공산주의자가 있다"는 발언으로 촉발된 이른바 '매카시즘'이라는 반공 이데올로기의 광풍이 당시의 미국 사회를 뒤덮고 있었으며, 아서 밀러는 공산당원은 아니었지만 공산당원들과 가깝게 지내며 급진적인 사상에 호감을 가지고 있었다. 실제 〈크루서블〉이 발표된 3년 뒤인 1956년, 밀러는 하원의 반미활동조사위원회에 소환되어 공산주의자 활동에 관련된 작가들의 이름을 대라는 심문을 받았다. 이런 맥락에서 〈크루서블〉은 당대 미국의 상황에 대한 비유며 고발이다. 밀러는 이 작품에서 진짜 존재하는지도 분명치 않은 적에 대한 두려움으로 한 공동체가 집단적 광기에 내몰리며 파괴되는 과정을 그리고 있다. 또한 그러한 비이성적인 박해 속에서도 자신의 존엄성을 지킨 보통 사람들을 그려냄으로써 부끄럽기 짝이 없는 현실을 돌파할 희망을 제시하며 매카시즘이라는 광기에 대한 저항을 요구하고 있는 것이다.

공산권 국가에서는 모든 수입의 금지 조치가 극악무도한 자본주의 악마를 배격하기 위한 조치로 되어 있으며 미국에서는 사상이 보수적이지 않은 사람은 붉은 지옥과 연루된 것으로 고소를 당하게 마련이다. 그러므로 정치적인 반대를 하면 비인도적인 덮개가 씌워져서 일체의 문화적인 교제를 금지당한다. 정치의 정책은 도덕률과 동일시되며 이에 대한 반대는 악마숭배적인 악의와 동일시된다. 이러한 동일시가 일단 효과적으로 설정되면 사회는 음모와 이에 대한 대응책의 더미가 되며 정부의 중점적인 역할이 중재자로서의 역할로부터 하나님의 채찍으로서의 역할로 변모하게 된다.

이처럼 밀러는 자신의 의도를 분명히 드러내고 있다. 문학작품에서 작가가 이렇듯 직설적으로 자신의 주장을 펼치는 것은 흔한 일이 아니며, 연극을 위한 극본에서는 더더욱 그렇다. 비록 밀러의 작품을 사회적인 문제를 적극적으로 다루고 있다는 점에서 '사회극'이라고 지칭하기도 하지만, 밀러 자신도 다른 작품에서는 주로 극의 내용을 통해 주제를 전달할 뿐 이처럼 무대의 배치와 출연자의 행동을 지시하지도 않는 내용을 지문에서 길게 다룬 적은 없다. 밀러는 출연자들에게 '이것은 지금, 이곳의 이야기다'라고 외치며, 사회적·정치적 감정 이입을 요구하고 있는 듯하다. 이를 통해 밀러가 당대의 야만적인 반공 분위기에 얼마나 분노하고 있었는지 알 수 있다.

그러나 광기와 불관용이라는 주제만을 잡아낸다면, 〈크루서블〉은 별로 할 이야기가 없는 책이다. 이런 문제를 다룬 책들은 허다하며, 더구나 논술에서는 너무도 익숙한 주제이기 때문이다. 하지만 〈크루서블〉은 이 익숙한 주제에 대해 다양한 사고의 변주를 가능하게 해준다. 무엇보다 〈크루서블〉이 빛나는 이유는 광기와 불관용을 용납할 수 없다는 선언적인 주제에 있는 것이 아니라, 광기와 불관용에 이르는 과정을 세밀하게 보여주었다는 점이다.

광기에 이르는 과정: 발단과 원인을 구분하기

먼저 작품 속에서 소녀들이 최초의 고발로 내몰리는 과정을 살펴보자.

헤일: *(아비게일을 꽉 잡으며)* 아비게일, 네 사촌동생이 죽어가고 있다. 너 어젯밤에 악마를 불러냈지?

아비게일: 전 절대로 그런 것 안 했어요! 티튜바, 티튜바가….

패리스: *(얼굴이 창백해지며)* 그 여자가 악마를 불러냈어?

헤일: 티튜바를 데려오시오. 할 얘기가 있소.

〈중략〉

아비게일: 저 여자가 내게 그걸 시켰어요! 저 여자가 베티한테도 그
걸 시켰어요!

티튜바: *(충격과 분노로)* 애비!

아비게일: 내게 피를 마시게 했어요!

패리스: 피를!

푸트넘 부인: 내 아이의 피를?

티튜바: 아녜요, 아닙니다. 닭피였어요! 난 저 애에게 닭피를 주었어
요.

헤일: 이봐요, 당신은 이 애들의 이름을 악마의 장부에 적어넣었소?

티튜바: 아녜요, 아녜요. 목사님 전 악마와 아무 거래도 하지 않아요!

〈중략〉

푸트넘: 이 여잔 마땅히 교수형에 처해야 됩니다! 끌어내서 죽여야
해요!

티튜바: *(공포에 질려, 쓰러지듯 무릎을 꿇는다.)* 안 돼요! 안 돼요!
티튜바를 죽여선 안 돼요. 전 이렇게 말했어요. 당신을 위해선
일하고 싶지 않다고요, 패리스 씨.

패리스: 악마한테 말했단 말이지?

헤일: 그렇다면 당신은 악마를 봤구먼! *(티튜바는 운다.)* 티튜바, 난 알아요. 일단 악마에게 붙들리게 되면 빠져나오기가 여간 힘들지 않지. 우리가 당신을 해방시켜주도록 도와줄테니….

〈중략〉

아비게일: 제가 말하겠어요! *(그들은 놀라서 그녀에게 몸을 돌린다. 그녀는 황홀에 빠져 있는 듯하다. 마치 진주빛 속에 있는 것 같다.)* 전 하나님의 광명을 원해요. 예수님의 자비로우신 사랑을 갈구합니다! 난 악마를 위해 춤을 추었어요! 그를 봤어요. 그의 책에 내 이름을 써넣었어요. 난 예수님께 다시 돌아갑니다. 그의 손에 키스를 합니다. 사라 굿이 악마와 함께 있었어요. 오스본 자매도 악마와 함께! 브리짓 비숍도 악마와 함께!

그녀가 말하고 있는 동안 베티가 침대에서 일어난다. 눈에 열기가 있다. 아비게일을 따라서 외친다.

베티: *(역시 한 곳을 응시하며)* 조지 쟈코브도 악마와 함께! 하우 자매도 악마와 함께!

〈중략〉

아비게일: 허킨즈 자매도 악마와 함께!

베티: 비버 자매도 악마와 함께!

아비게일: 부스 자매도 악마와 함께!

이들의 미친 듯한 외침이 계속되는 동안 막이 내린다.

우리는 여기서 세일럼의 주민들이 어떠한 과정으로 광기로 내몰렸는지를 확인할 수 있다. 아비게일은 유부남인 프락터와 간통하고 그의 부인인 엘리자베스를 죽이기 위해 숲속에서 티튜바에게 저주를 부탁한 자신의 죄를 숨기기 위해 티튜바를 거짓 고발한다. 궁지에 몰린 티튜바는 결국 거짓 자백을 하며 다른 마을사람들을 밀고하고, 뒤를 이어 침대에 누워 있던 베티도 자신의 죄를 벗어날 방법을 알아채고 이 광기에 동참한다. 결국 숲속의 유희를 패리스 목사에게 들킨 소녀들은 모두 이러한 방법으로 자신의 죄를 벗어나 악마에게 홀린 주민들을 거짓 고발함으로써 세일럼을 마녀재판의 광풍으로 몰아갔다. 그러나 이 장면만 보면, 헤일의 강압적인 물음과 처녀들의 철없음이 마치 광기의 직접적인 원인처럼 보인다. 또한 아직 미성년인 여자들, 실제 사건에서는 어린아이에 불과했던 소녀들의 외침이 한 마을을 재앙으로 몰아넣은 사실도 쉽게 이해가 되지 않는다.

여기서 우리는 한 가지 짚고 넘어가야 할 점이 있다. 소녀들의 외침은 세일럼이 가지고 있던 폭력과 광기가 분출된 하나의 발단일 뿐이며, 실제 원인은 아니라는 것이다. 흔히 카오스 이론을 설명하며 '한 마리 나비의 날갯짓이 폭풍을 일으킬 수도 있다'는 예를 든다. 그러나 이러한 설명은 진실의 일면만을 보여줄 뿐이다. 나비의 날갯짓은 기압, 지형 등으로 구성된 적절한 기후요소와 결합해야만, 폭풍을 불러올 수 있다. 그렇지 않다면 폭풍을 나비의 탓으로 돌리게 되고, 폭풍을 방지하기 위해 나비를 모두 죽이는 우를 범할 수도 있는 것이다. 이를 위해 발단과 원인을 구별할 필요가 있다.

따라서 세일럼의 집단 광기를 설명하기 위해서는 진정한 원인을 구성하는 당대 미국의 상황에 대한 이해가 필수적이다. 밀러도 독자들의 이해를 돕기 위해 간단하지만, 다음과 같이 역사적 배경과 논평을 초두에 첨가했다.

그들의 믿음이 그들에게 얼마나 중요한 위치를 차지했는가 하는 점은 훨씬 남쪽에 있는 버지니아 주의 제임스타운에 제1차로 이민했던 때의 반대적인 성격 속에서 찾아볼 수 있다. 그곳에 상륙한 영국인들은 주로 이득 추구에만 정열을 바쳤다. 그들은 이 새로운 나라의 풍요한 재화를 긁어모아서 부자가 되어 영국에 돌아가려고 생각했다. 그들은 순전히 개인주의자들의 집단이었고, 매사추세츠 사람들보다 훨씬 현실적이었다. 그러나 버지니아는 그들을 파멸시켰다. 매사추세츠는 청교도들을 죽여 없애려고 했으나 그들은 단합하였다. 그들은 공동 사회를 창설하였으며 그것은 초기에는 독재적이며 헌신적인 영도력 하의 무장야영에 지나지 않았다. 그러나 그것은 승인된 독재였다. 왜냐하면 그들은 맨 밑바닥부터 꼭대기까지 공통적인 이념에 의해서 굳게 맺어져 있었고 언제나 그 이념은 그들이 당하고 있는 모든 고통의 이유를 설명해 주었으며 또한 정당화시켜주었기 때문이다. 그래서 그들의 금욕주의, 유목적성, 일체의 헛된 추구에 대한 경멸, 엄격한 정의감 등은 인간에게 그토록 반목적이었던 이 공간을 정복하는 데 완전무결한 도구로 쓰였다.

그러나 1692년의 세일럼 사람들은 메이플라워 호를 타고 상륙했던 사람들만큼 헌신적인 사람들이 아니었다. 광범위한 변이가 일어났으며 혁명에 의해서 왕정이 붕괴되고 당시 권력을 장악하고 있던 군사혁명위원회로 대체되었다. 그들의 눈에는 당시의 시대가 무질서에 빠진 것처럼 보였고 일반 대중들은 오늘날의 우리와 마찬가지로 그 무질서가 해결될 수 없는 복잡한 것으로 생각했다. 많은 사람들이 깊고도 어두운 악마의 힘에 의해서 혼돈의 시대가 초래되었다는 생각에 쉽사리 유도될 수 있었던 과정은 파악하기가 그다지 어렵지 않다. 법정의 기록에는 이러한 고찰을 밑받침해 줄 만한 것이 전혀 없지만 어느 시대고 간에 사회적인 무질서는 그런 신비적인 의혹을 유발하기 마련이고, 또 세일럼에서처럼 그러한 의혹이 사회의 심층으로부터 우러나왔을 때에는 사람들이 자신의 실패에 대한 보복으로 희생자들을 무참하게 박해하게 되는 것이 인간의 상정이다.

광기와 폭력의 원인: 무질서, 생소함, 그리고 불안

〈크루서블〉은 1692년 매사추세츠에서 발생했던 '세일럼 마녀재판'이라는 실제 사건을 바탕으로 하고 있다. 극중에 등장하는 인물들은 모두 실존했던 사람들이다. 이야기의 커다란 흐름은 다를 바가 없다. 하지만 사건에 대한 기록들은 대부분

공식적인 재판과정에 관한 것들이기 때문에 인물들의 개별적인 성격과 대화, 구체적인 사건의 전개는 모두 밀러가 창작한 것이다. 특히 극 전개의 핵심을 이루는 아비게일과 프락터의 내연 관계와 프락터의 영웅적인 선택 과정은 완전한 창작이다. 실제 사건에서 아비게일은 11세였고 베티 패리스는 9세였다. 말 그대로 철부지 소녀들이었던 것이다. 이 사건의 자세한 역사적 사실에 관심이 있다면, 〈위키페디아 www.wikipedia.org〉에서 'Salem witch trials(세일럼 마녀재판)' 항목을 찾아보면 된다.

그렇다면 당시 미국의 상황은 어떠했는가? 정확한 답을 말하자면, '미국은 없었다'가 정답이다. 미국은 이때로부터 84년이 지난 1776년에야 독립선언을 했으며, 영국이 미국을 직접 식민통치한 것도 한참 뒤인 1733년이다. 잘 알려져 있다시피 미국의 공식적인 역사는 1620년에 영국의 박해를 피해 '메이플라워' 호를 타고 아메리카 대륙에 도착한 청교도들, 소위 '필그림 파더'(Pilgirm Fathers)를 미국의 기원으로 본다. 세일럼 마녀재판이 일어난 시기는 이들의 후손들이 아직 동부 해안에서 인디언들과 싸우며, 미래의 미국을 만들어가는 때였다. 미국에 도착한 청교도들은 신정체제를 유지했다. 생존이 당장 걱정일 만큼 개척이 덜 된 아메리카 대륙에 대해 영국은 아직 관심이 없었고, 그저 형식적인 통치를 허락하는 이름뿐인 '특허장'을 내주었을 뿐이다. 따라서 이들은 아메리카 대륙에서 자신들을 인도한 기독교적 신념에 따라 교회를 중심으로 공동체를 운영하는 신정체제를 구축할 수 있었던 것이다.

밀러의 설명에서 보듯이 사건이 발생할 무렵, 이들은 내우외환에 시달리고 있었다. 당시만 해도 아메리카 대륙은 서구인들에게 매력적인 곳이 아니었다. 이미 서구 문명이 파괴와 착취를 거듭해 유럽의 '문명인'들이 살아갈 수 있는 터전이 마련된 중남미와 달리 북미는 아직 야만의 땅이었다. 필그림 파더 이전에 북미에 상륙했던 이들은 새로운 자연에 적응하지 못하고 수없이 굶어죽었다. 종교적 신심을 지키느라 본국인 영국에서 추방된 청교도들은 자신들의 종교적 신심과 성실성으로 차차 적응해 나갔지만, 인구가 폭발적으로 늘어감에 따라 경작지가 부족해졌다. 이들이 새로운 경작지를 찾아 서쪽 내륙을 '개척'(침략)해 나감에 따라, 아메리카의 진정한 주인인 인디언 원주민과 충돌할 수밖에 없었다. 인디언과 백인들 사이의 투쟁은 더욱 빈번해졌으며, 세일럼 사건이 일어난 해인 1692년의 1월에는 매사추세츠 바로 옆 메인에서 와바나키 Wabanaki 인디언들과 백인들 사이에 처절한 전투가 전개됐다. 더구나 공동체를 묶어준 초석이었던 초기의 투철한 신앙심이 점차 희석되고 있었다. 아울러 아메리카에 영향을 미칠 수밖에 없는 유럽의 정치와 사회도 급격한 변동을 겪고 있었다. 유럽에서는 오랜 중세의 질서가 본격적으로 와해되어 종교적 가치보다는 국가의 이익과 부를 중요시하고, 교황의 권위보다

왕의 권위를 앞세우는 절대왕정의 시대가 천천히 도래하고 있었다. 결국 이들을 폭력과 광기로 몰아세운 것은 낡은 시대의 몰락으로 인한 무질서와 새로운 대륙이 가져다주는 '생소함'과 '불안'이었다.

마녀사냥 자체가 무질서와 불안에 대한 대응이었다. 많은 사람들이 오해하고 있지만, 마녀사냥은 중세의 전성기에는 거의 발생하지 않았다. 마녀사냥은 중세 말기에 본격적으로 시작되어 18세기 말이 되어서야 사라졌다. 신교가 등장하고 종교적 신념이 흔들리면서 사람들은 타인의 신앙심을 확인하고 스스로 믿음의 증거를 찾고 싶어했다. 무엇보다 가장 효과적인 방법은 가시적인 '적'을 찾아내거나 발명해내는 것이었다. 여기에 구교, 신교가 다를 수 없었다. 오히려 대부분의 역사적 기록들은 가톨릭보다 신교가 마녀사냥에 훨씬 적극적이었음을 보여준다.

특히 당시 아메리카로 이주했던 청교도들의 교리는 마녀사냥에 더욱 적합한 토대를 제공했다. 태어날 때부터 천국으로 가도록 신이 선택한 사람들과 지옥에 떨어질 사람들이 정해져 있다는 예정설은 악마와 결탁한 자들을 찾아내는 행위에 거룩한 신성을 부여했다. 엄격한 청교도 교리는 여자들은 남자들을 죄에 빠지게 하므로 천성적으로 더 사악한 존재로 규정했고, 아이들은 신에게 가까이 가기 위해서 놀이나 장난을 못하도록 강제되었다. 숲에서 모여 사고를 치는 인물들이 개인적인 욕망이 발현되기 시작하는 '사춘기' 또래의 '여성'인 것은 사실 이런 사회적 배경의 결과다.

역사적 배경을 비교해 보면 밀러가 왜 매카시즘이 횡행했던 1950년대 미국에서 세일럼 마녀재판을 다시 거론했는지 더욱 분명히 알 수 있다. 1950년대 무렵, 미국은 2차 대전의 승리로 세계 최강국이 되었다. 하지만 새로운 적들이 등장했다. 1949년에는 소련이 핵실험에 성공하고 중국이 공산화되었다. 공산권과 직접 충돌한 한반도에서는 기껏해야 휴전을 얻어낼 수 있었을 뿐이다. 세일럼 시대의 인디언들과의 대결과 똑같이 현실적으로 눈에 보이는 적들을 박살낼 수도 없었다. 사회적 가치관도 급격히 변하고 있었다. 보수적인 청교도 가치관이 서서히 와해되고 흑인들이 말뿐인 평등을 넘어 진짜 인간의 권리를 요구하기 시작했으며, 남성들에게 눌려 있던 여성들이 제 목소리를 내기 시작했다. 비록 본격적인 변화의 물결은 1960년대에 이르러서야 분출되었지만, 1950년대부터 기존의 질서는 변화의 물결에 서서히 부식되고 있었다. 불안을 해소하기 위해서는 생소한 것들을 설명하고 무질서를 질서로 환원해야 했다. 역시 가장 쉬운 방법은 '적'을 발명하고 모든 것을 이들의 탓으로 돌리는 것이었다. 생소한 것들을 익숙한 눈으로만 보고 익숙한 기준으로 구겨넣다 보니 당연히 그것들은 무질서와 위험으로 가득 찬 적이 될 수밖에 없었다. 마치 본격적인 근대의 도래를 앞두고 중세의 질서가 마녀사냥으로 최

후의 몸부림을 했던 것처럼, 1960년대 진보의 분출을 앞두고 1950년대 미국의 구질서는 매카시즘이라는 반동으로 저항했던 것이다.

내부와 외부, '크루서블'의 의미

인간은 자신의 내부가 아닌 외부로부터의 익숙하지 않은 것들에 공포를 느낀다. 이처럼 외부의 생소함에 대하여 공포를 느끼는 것은 모든 생명체의 본능일지도 모른다. 그렇다면 세일럼의 광기와 미국의 매카시즘은 외부에 대하여 내부를 지켜내기 위한 생존본능일 수도 있다. 하지만 과연 그럴까? 숲속에서 춤을 추며 기묘한 행위를 하던 소녀들을 목격한 패리스 목사는 소녀들을 이렇게 만든 외부를 찾으려고 했으며, 결국 악마를 찾아냈다. 1950년대 사회적 변동을 겪으며 미국인들은 내부를 오염시킨 외부를 찾으려고 했고, 공산주의에서 그것을 찾아냈다. 하지만 대부분의 변동, 돌이킬 수 없는 시대적 변화는 결코 외부에서 비롯되지 않는다. 소녀들이 숲속에서 몰래 춤추며 주술행위에 빠지게 만든 것은 세일럼의 외부가 아니라, 자유를 가로막고 숨 막히게 젊음을 방해하는 세일럼 안에서 비롯된 것이다. 50년대 미국의 불안한 변화는 몇몇 빨갱이들의 선동이 아니라, 2차 대전 이후의 자본주의의 발달과 냉전체제와 함께 미국인들 내부에서 비롯된 것이다. 그러나 대부분의 '내부'는 자신의 변화를 수긍하지 못하고 '외부'로부터 비롯된 침략과 오염에서 원인을 찾으려고 하며 종국에는 모든 외부를 '적'으로 규정하고 모든 외부와의 접촉을 '죄'로 규정하게 된다. 다음 단계로 넘어가면 내부에서도 순수하지 못한 내부를 찾아 다시 과거의 향수어린 내부로의 반동을 시도하게 되는 것이다. 〈크루서블〉에서 악마에게 자신을 팔았다고 고발되는 순서는 이를 정확하게 반영한다. 청교도 백인들로 구성된 세일럼에서는 진정한 외부라고 할 수 있는 티튜바에서 시작하여, 내부이지만 항상 의심의 대상이며 불완전한 존재인 소녀들로, 백인 남성이지만 아웃사이더 기질이 다분한 프락터를 거쳐, 오랜 세월 굳건하게 신앙을 유지해 온 독실한 노인들에 이르기까지.

여기서 내부와 외부의 문제를 조금 더 전개해 보자. 니체는 공포가 인간을 알게 만드는 원동력이라고 말했다. 맞는 말이다. 이러한 공포는 인간이 이미 속해 있고 그러므로 설명할 수 있는 '내부'가 아니라 '외부'에서 비롯된 것이다. 그러나 인간은 이를 극복하고 공포를 알려는 의지로 바꾸어냈으며 이것이 인간의 문명을 창조했다. 물론 엎드려 절하던 자연을 정복하여 거꾸로 자연이 인간에게 절하게 만들려는 욕망이었지만 말이다. 사실 우리에게 속하지 않고 우리가 설명할 수 없는 '외부'가 없다면 우리는 앞으로 나아갈 수 없다. 이미 속해 있는 것들, 이미 알고 있는 것들에 머문다면 무엇이 더 달라질 수 있겠는가! 오늘날 세계 최강국이 된 미국이 그토록 강조하는 '개척정신(frontier spirit)'만 봐도 알 수 있다. 프론티어는 바로 내부와 외부의 경계에서 끊임없이 미지의 외부로 나아가는 자들이다. 이것이 오늘날의 미국을 만들었다는 점을 미국인들도 알고 있는 것이다. 그러나 프론티어의 정신이 정말 올바른 내부와 외부의 관계 맺기일까? 프론티어는 외부로 나아가지만, 외부를 이해하고 수용하는 것이 아니라 외부를 파괴하여 내부로 만드는 행위일 뿐이다. 인디언들이 거주하는 외부는 정복되어 내부화되기 위한 대상으로 존재할 뿐, 내부를 비추어보고 관용해야 할 대상으로 인정받은 적이 없다. 가장 개방적이고 관용적인 듯하지만, 가장 폭력적인 오늘날 미국의 행태는 어쩌면 이러한 프론티어의 모순에서 비롯된 것인지도 모른다. 가장 외부 지향적이지만, 또한 가장 내부 지향적인 프론티어.

이러한 맥락에서 제목인 '크루서블'의 의미를 재구성해 볼 수 있다. '크루서블'(crucible)의 사전적 의미는 '도가니'이며, 여기서 '호된 시련'이라는 의미가 파생된다. 밀러가 이런 의도를 가지고 제목을 붙였는지는 알 수 없지만, 이는 미국식 프론티어 정신, 나아가 현대 문명에 대한 좋은 비유가 될 듯하다. 미국의 문화를 설명하는 데 흔히 'melting pot'이라는 용어를 사용한다. 이 역시 '도가니'란 뜻이다. 다인종, 다문화가 녹아든 미국 문화를 의미한다. 하지만 정말 미국 문화는 모든 인종과 문명이 녹아들어 조화로운 합금을 이룬 도가니일까?

백인과 흑인, 부자와 빈자는 미국이라는 이름 아래 하나로 녹아들었는가? 사실 대다수 유색인종과 가난한 사람들은 미국이라는 무적의 합금을 구성하는 데 불순물로 취급될 뿐이다. '미국'이라는 무적의 합금을 유지하기 위해, 내부를 정화하기 위해 불순물들은 끊임없이 걸러져야 한다. 이것은 단순한 비유가 아니다. 우리가 그렇게 본받고 싶어하는 미국은 건강보험조차 경쟁의 논리, 도가니의 논리를 따른다. 건강보험 회사에 지급할 돈이 없다면 아파도 엄청난 병원비를 부담해야 하기 때문에 가난한 사람들은 그저 참을 뿐이고 종국에는 합금에서 제거되는 불순물이 되고 만다. 이들에게 미국은 말 그대로 뜨거운 쇳물이 펄펄 끓은 '호된 시련'의 도가니가 될 수밖에 없다. 이런 논리는 미국이 주도하는 세계정치에서도 드러난다. 모든 국가를 자신들이 주장하는 '민주주의' 체제로 융합시키겠다는 또 다른 합금의 욕망. 그것이 진짜 '민주주의'인지는 생각하지 않는다. 그저 전쟁의 도가니 속에서 미국편과 악의 편, 내부와 외부가 구분될 뿐이다.

프락터가 왜 주인공인가?

너무 격하게 우울한 이야기를 했으니, 〈크루서블〉의 희망적인 주인공 프락터를 살펴보며 마무리하도록 하자.

댄포스: 용기를, 용기를 내시오… 당신이 훌륭한 본보기를 뵈줘서 이 분도 하나님께 돌아올 수 있도록 해줍시다. 너스 자매! 잘 들으시오! 계속해요, 프락터 씨. 당신은 악마에게 충성을 맹세했소?

레베카: *(놀라서)* 아니, 존!

프락터: *(이를 악물고서 그의 얼굴은 레베카를 피하고 있다.)* 그랬소.

댄포스: 자, 부인, 이 음모를 더 이상 숨기는 게 조금도 이로울 게 없다는 걸 확실히 아셨죠? 부인도 저 사람과 같이 고백을 하시겠소?

레베카: 오, 존… 하나님의 은총이 같이 하기를!

댄포스: 고백을 하시겠느냐 말이오, 너스 자매?

레베카: 이건 거짓말이에요, 거짓말입니다. 내가 어떻게 내 자신을 더럽힐 수 있겠어요. 난 못 해요, 못 합니다.

댄포스: 프락터 씨, 악마가 왔을 때 레베카 너스도 그 중에 같이 있던 가요? *(프락터는 대답이 없다.)* 자, 자, 용기를 내서 말해 보시오… 저분이 악마와 함께 있는 걸 봤소?

프락터: *(거의 들릴까 말까 하는 소리로)* 못 봤습니다.

〈중략〉

댄포스: 왜 당신이 또 얘길 해야 되느냐고! 당신의 영혼이 정말로 악마에 대한 사랑을 완전히 씻었다면 당신은 기쁜 마음으로 그 얘길 해야 될 거요!

프락터: 저분들은 성자의 길을 걸으려는 겁니다. 난 그들의 이름을
대고 싶지가 않아요.

댄포스: *(수상쩍은 듯이)* 프락터 씨, 당신은 저들이 성자의 길을 걷
는다고 생각하시오?

프락터: *(대답을 회피하며)* 이분은 스스로 악마의 일을 하고 있다고
생각해 본 적이 전혀 없습니다.

〈중략〉

프락터: 날 이용하지 마시오! 난 사라 굿도 아니고 티튜바도 아니오.
난 존 프락터요! 날 이용하진 못할 거요! 당신이 날 이용한다
는 것은 구원과 조금도 닮은 데가 없어요!

댄포스: 난 그런 걸 바라는 게 아니라….

프락터: 내겐 자식이 셋 있습니다. … 친구를 팔아먹은 애비가 무슨
낯으로 그 애들한테 올바로 살라는 말을 할 수 있겠소?

프락터: *(온 정신과 육체를 다해 소리지른다.)* 그건 내 이름이니까요!
내 평생에 다른 이름을 가질 수 없기 때문이오! 내가 거짓말을
했고 또 그 거짓말에 서명을 했기 때문이오! 내가 처형될 사람
들의 발 끝의 먼지만도 못한 존재이기 때문이오! 이름도 없이
나보고 어떻게 살란 말씀이오? 내 영혼을 당신께 넘겼으니 내
이름만은 남겨놓으시오!

〈중략〉

헤일: 부인 그에게 애원해 보세요! *(그는 문 쪽으로 달려가다가 다시 그녀에게 돌아온다.)* 부인! 이건 자존심이요, 허영심입니다. *(그녀는 그의 시선을 피하며 창가로 간다. 그는 무릎을 꿇는다.)* 가서 도와주세요! 피를 흘려 무슨 이익이 있습니까? 누가 그의 진실을 알아주겠습니까? 가세요. 가서 그의 수치심을 벗겨주세요!

엘리자베스: *(쓰러지려는 몸을 창문의 창살을 잡아 부축하며 울음섞인 소리로)* 저이는 이제 자기의 고결성을 되찾으신 거예요. 하나님께선 제가 그걸 다시 빼앗는 걸 용서하지 않으십니다!

프락터는 〈크루서블〉의 주인공이다. 그는 불합리한 폭력에 맞서 진실을 지켜내기 위해 목숨을 바친다. 하지만 프락터는 사실 자신의 가족을 위해 진실을 숨기고 폭력에 굴복하려고 했었다. 마지막에 프락터를 각성하게 만든 것은 무엇일까? 우리는 프락터가 마음을 돌리는 순간에 자신의 '이름'에 대해 외치는 부분에 주목할 필요가 있다. 이름은 타인이 자신을 부를 때 사용된다. 외부에 대해 내부를 드러내는 가장 기본적인 것이 이름이다. 프락터는 자신의 내면만을 들여다보며 저항에 대한 확신과 용기를 얻은 것이 아니다. 이미 백발이 성성한 레베카가 진실을 지켜나가는 모습, 그리고 자신의 의지를 이해해 줄 부인 엘리자베스, 도저히 거짓으로는 떳떳해질 수 없는 자식들. (실제 사건에서는 프락터의 아들도 재판의 희생양이 되었다.) 이러한 타인과의 관계, 외부의 존재가 없었다면 프락

터가 과연 자신의 이름을 위해, 정의를 위해 목숨을 내놓았을
까? 프락터는 외부의 존재들, 이웃과 가족들에 비추어 자신의
내부를 들여다봤기 때문에, 외부가 내부를 바라보는 '이름'의
소중함을 깨달았기 때문에 진실을 지켜낼 용기를 얻을 수 있
었다. 외부를 적으로 규정하고 내부화하려는 폭력에 맞서 외
부를 통해 내부를 정화하는 프락터는 이런 점에서 다른 영웅
들과는 차별적이다. 내적 성찰과 개인적인 각성이 강조되는
영웅들과 달리 끊임없이 이웃과 가족을 생각하는 프락터는 우
리도 될 수 있는 영웅인 것이다.

〔OO대입〕 서강대 논술고사

(가)

아프리카의 경우에는 우리가 가지고 있는 모든 관념에 통하는 원리, 즉 일반성의 범주를 단념하지 않으면 안 되기 때문에 아프리카 특유의 성격을 파악하기는 어렵다. 아직도 무지몽매한 상태로부터 벗어나지 못한 아프리카인은 개인으로서의 자기와 자기의 본질적 보편성과를 구별하는 단계에까지는 이르지 못하고 있다. 그러므로 그들에게는 자기에 대립하는 타자, 자기보다는 훨씬 높은 존재인 듯한 절대적 본질에 관한 지식 등은 매우 결여되어 있다. 이미 말한 바와 같이 흑인은 전적으로 야만성과 분방함 그대로의 자연인의 모습을 보여주고 있다. 그들을 정당하게 이해하기 위해서는 품위라든가 인류이라든가 혹은 일반적으로 감정이라고 불릴 수 있는 것은 모두 버리지 않으면 안 된다. 대체로 인간성의 영향이라고 볼 수 있는 것이 그들의 성격 안에서는 발견되지 않는다. 선교사의 각종 보고가 이를 잘 뒷받침해 준다.

(중략)

그러나 일반적으로 인간에게 본능이라는 것이 있다고 말할 수 있을지라도, 우리 유럽에서는 식인(食人) 따위를 그러한 본능이라고 받아들이지는 않는다. 그런데 흑인에게는 그렇지 않다. 인간을 잡아먹는다는 것은 오히려 아프리카 인종의 일반적 원리에 맞는다. 감성적인 흑인에게는 인육도 단지 감성적인 것에 지나지 않으며, 고기의 하나일 뿐이다. 국왕의 죽음에 즈음해서는 실로 몇 백 명의 인간이 도살되어 먹혀 버린다. 포로는 목이 잘려 인육으로 시장에서 팔린다. 싸움에 이긴 자는 관례로서 죽은 원수의 심장을 먹는다. 마법의 세계에서는 마법사가 닥치는 대로 사람을 죽여, 그 인육을 여러 사람들에게 분배해 주는 일까지도 흔히 있다.

(중략)

흑인에게는 윤리 의식이 극히 희박하다. 아니, 그보다도 오히려 전혀 없다고 하는 편이 나을 것 같다. 부모는 자식을 팔고, 자식은 부모를 판다. 어느 쪽이 소유권을 가지는가에 따라서 차이가 있을 뿐이다. 이처럼 노예 제도가 철저하기 때문에 우리가 가지고 있는 인륜처럼, 그들 사회를 결속할 수 있도록 해줄 수 있는 것은 전혀 없다. 따라서 우리들이 서로 요구해도 좋은 것이라고 여기는 것을 흑인에게서도 기대하는 것은 도저히 생각할 수 없다. 흑인의 다처주의도 한결같이 노예로

팔 수 있는 아이를 얻는 데에 그 목적을 두고 있다.

(중략)

혹인이 인간을 멸시하는 데 있어서의 큰 특징은 죽음을 경멸하는 것이라기보다는 오히려 생명을 존중하지 않는다는 것이다. 무서울 정도로 완강한 체력이 뒷받침하고 있는 혹인의 용감성도 결국은 그처럼 생명을 경시하는 데에서 나온다. 실제로 그들은 유럽인과의 전쟁에서 몇 천 명의 사람이 잇달아 살해되어도 굴복하지 않았다. 요컨대, 그들에게 있어서 생명이 가치를 가지는 경우는 그 생명이 어떠한 가치를 얻는 수단이 될 때로 한정된다고 말해도 좋을 것이다.

다음으로 국가 조직(헌법)의 근본 성격에 관해서 살펴보면, 전체적으로 이곳 아프리카에는 원래 그와 같은 국가 조직이 있을 수 없음을 알게 된다. 이 단계의 특성은 정력적인 의지에 의거하는 감성적인 입장이다. 왜냐하면, 여기에서는 일체의 보편성은 단지 자의의 내면성(주관성)에 지나지 않으므로, 정신의 보편적 규정, 이를테면 가족의 인륜 따위는 아직도 행해질 수 없기 때문이다. 따라서 이들은 정치적 단결이나 자유로운 법률이 국가를 통합한다는 것을 알지 못한다. 일반적으로 개인들의 자의를 결부시키는 유대도, 그것을 구속하는 것도 존재하지 않는다. 그러므로 일시적이나마 국가를 성립시킬 수 있는 방법으로는 외적인 폭력만이 있을 뿐이다.

맨 위에 한 사람의 지배자가 서 있다. 왜냐하면, 감성적

야만성은 오직 폭압적인 권력에 의해서만 제어될 수 있기 때문이다. 그런데 지배를 당하는 측도 똑같이 야만적인 기질을 가진 인간이기 때문에, 반대로 그들이 지배자를 억제한다.

한 추장 밑에는 몇 사람의 다른 추장이 있기 때문에 우리들이 왕이라고 부르는 이 제일 높은 지위의 추장은 그 아래의 여러 추장과 협의를 해야 하는데, 전쟁을 시작하려고 할 때나 공세(貢稅)를 부과하려 할 때 그들의 동의를 얻지 않으면 안 된다. 물론 그 경우에도 왕은 상당한 권력을 행사할 수는 있다. 경우에 따라서는 추장 중의 누구를 간계나 폭력을 써서 매장해 버릴 수도 있다. 왕은 이 밖에도 어떤 종류의 특권을 소유하고 있다. 아샌티 족(Aschantees)의 경우에는 왕은 가신(家臣)의 유산 전부를 상속받을 수 있고, 또 다른 곳에서는 모든 처녀를 국왕이 소유하고 있어서 처를 맞이하려는 자는 그녀를 왕으로부터 사들이지 않으면 안 된다. 흑인은 자기들의 왕이 불만스럽게 생각될 때, 그들의 왕을 폐하여 살해해 버린다. 다호메이에서는 민중이 왕에게 만족을 느끼지 못할 때에는 그의 통치에 대한 불신임의 표지로서 그 왕에게 앵무새의 알을 보내는 풍습이 있다. 때에 따라서는 대표자를 왕에게 보내어, "통치의 무거운 짐은 귀하를 괴롭게 하였을 터이니 당분간 조용히 쉬시는 것이 좋겠소이다"라고 고하기도 한다. 그러면 왕은 신하의 호의를 고맙게 여겨, 별실로 물러가서 부녀자들에게 명하여 자기를 목매어 죽이게 한다.

(중략)

위에 든 사례에서 분명하게 드러나는 사실을 요약하면, 한 마디로 흑인의 성격은 자제가 결여되어 있다고 할 수 있다. 그런데 이러한 상태는 교화시킬 수 없으며, 그럴 가능성도 없다. 사실 그들은 옛날부터 계속 오늘날 우리들이 보는 바와 같은 상태에 있었다. 흑인과 유럽을 결부시키고 있었던 것으로서 오늘날까지 계속되고 있는 유일한 본질적 관계는 노예라고 하는 관계다.

— 헤겔의 〈역사철학강의〉 중에서

(나)

완전한 사회란 없다. 각각의 사회는 그 사회가 주장하는 규범들과 양립할 수 없는 어떤 불순물을 본디부터 그 내부에 지니고 있다. 이 불순물은 구체적으로, 숱한 잔인과 부정, 그리고 무감각이다. 우리는 이 같은 요소들을 어떻게 평가해야만 하는가? 민족학적 조사가 이에 대한 대답을 줄 수 있다. 왜냐하면, 어떤 적은 수의 사회를 비교하면, 서로서로가 매우 상이한 것처럼 보이지만, 조사의 영역이 확대되어 나감에 따라서 이 차이점들은 점점 감소된다. 그리하여 마침내는 어떤 인간 사회도 철저하게 선하지 않다는 점이 명백해질 것이다. 그러나 어떠한 인간 사회도 근본적으로 악한 것은 아니다. 모든 사회는 겉으로 볼 때, 어떤 일정한 수효의 불공정한 대접을 받는 일부 구성원들까지 포함한 모든 성원들에게 어떤 이점을 제공한다. 그런데 여기서의 일부 구성원이란 사회 생활에서의 어떠한 타성으로 말미암아, 사회의 모든 조직적 노력에 장애물이 되는 구성원이라고 볼 수 있다.

이 말은 여러 민족의 '야만적인' 습관을 소개한 여행 서적을 읽으면서 즐거움을 느끼는 부류의 독자들을 놀라게 해 줄 것이다. 그러나 사실들이 정확하게 해석되고, 보다 높은 차원에서 재정립되기만 한다면, 이 같은 피상적인 반응들은 즉시 제자리를 찾게 될 것이다. 야만인의 모든 관례들 가운데 우리들이 가장 끔찍하게 혐오하는 식인 풍습을 예로 들어보자. 우리는 다른 고기(肉)가 모자라기 때문에 서로를 잡아먹는 경우—폴리네시아의 어떤 지역에서는 이런 사례가 있었다—는 제외시켜야만 한다. 도덕적으로 말한다면 어떤 사회도 굶주림으로부터 나오는 욕구에 대해서는 어찌할 수 없다. 우리가 나치의 학살 수용소에서 보았듯이, 사람들은 아사할 지경이 되면 문자 그대로 무엇이든지 먹게 되는 것이다.

우리는 식인 풍습의 긍정적인 형태들—그 기원이 신비적이고도 주술적인 또는 종교적인 것들이 대부분 여기에 포함될 것이다—을 고찰해 볼 필요가 있다. 조상의 신체의 일부분이나 적의 시체의 살점을 먹음으로써 식인종은 죽은 자의 덕을 획득하려 하거나 또는 그들의 힘을 중화시키고자 한다. 이러한 의식은 종종 매우 비밀스럽게 거행된다. 그들은 먹고자

하는 그 음식물을 다른 음식물과 섞거나 또는 빻아서 가루로 만든 유기물 약간을 합해 먹는다. 식인 풍습의 요소가 보다 공개적으로 인정되었다고 할지라도, 그 풍습은 비도덕적이라는 근거를 들며 그러한 풍습을 저주하기도 하지만, 그러한 생각은 시체가 물질적으로 파괴되면 어떠한 육체적 부활이 위태로워진다는 생각에 의거한 것이거나, 또는 영혼과 육체의 연결과 여기에 따르는 육체와 영혼의 이원론에 대한 확신에 의거한 것이라는 점을 인정해야만 한다. 이러한 확신들은 의식적인 식인 풍습의 의미로 시행되고 있는 것에 나타나는 것과 동일한 성격을 지니는 것이다. 그러므로 우리는 어느 편이 더 나은 것이라고 말할 수 있는 어떠한 정당한 이유도 지니고 있지 못하다. 뿐만 아니라 우리는 죽음의 신성함을 무시한다는 이유에서 식인종을 비난하지만, 이는 우리가 해부학 실습을 용인하고 있는 사실과 별반 다를 것이 없다.

그러나 무엇보다도, 만약 어떤 다른 사회의 관찰자가 우리를 조사하게 된다면, 우리와 관계된 어떤 사실이, 그에게는 우리가 비문명적이라고 여기는 식인 풍습과 비슷한 것으로 간주될 것이라는 점을 인식해야만 한다. 여기에서 나는 우리들의 재판과 형벌의 습관들에 대해 생각해 보고 싶다. 만약 우리가 외부로부터 이것들을 관찰한다면, 우리는 두 개의 상반되는 사회형을 구별해 보고 싶어질 것이다. 즉, 식인 풍습을 실행하는 사회에서는 어떤 무서운 힘을 지니고 있는 사람들을 중화시키거나 또는 그들을 자기네에게 유리하도록 변모시키는 유일한 방법은 그들을 자기네의 육체 속으로 빨아들이는 것이라고 믿는다. 한편, 우리 사회와 같은 두 번째 유형의 사회는, 소위 말하는 앙트로페미(anthrop mie: 특정인을 축출 또는 배제해 버리는 일)를 채택하는 사회다. 즉, 동일한 문제에 직면하여 우리와 같은 사회는 정반대의 해결을 선택했던 것이다. 우리와 같은 사회는 이 끔찍한 존재들을 일정 기간 또는 영원히 고립시킴으로써 그들을 사회로부터 추방한다. 이 존재들은 특별한 목적을 위해 고안된 시설 속에서 인간성과의 모든 접촉이 거부된다. 우리가 미개하다고 여기는 대부분의 사회의 관점에서 볼 때, 우리와 같은 사회의 이 같은 관습은 극심한 공포를 불러일으킬 것이다. 그들이 오직 우리와는 대칭적인 관습들을 지니고 있다는 이유만으로 우리가 그들을 야만적이라고 간주하듯이 우리들 자신도 그들에게는 야만적으로 보이게 될 것이다.

우리에게는 잔인하게 보이는 사회도 다른 관점에서 검토해 보면 인간적이며 자애로운 마음을 지닌 곳임을 알게 될 것이다. 북아메리카 평원 지대의 인디언을 예로 들어보자. 이 예는 두 가지의 의미를 지니고 있다. 첫째로, 그들 중의 어떤 부족은 하나의 온당한 형태의 식인 풍습을 지키고 있었으며, 둘째로 그들은 하나의 조직화된 경찰력을 지니고 있던 미개인족들 중의 몇 안 되는 부족이었기 때문이다. 그들의 경찰력은 범죄인에 대한 판결도 내렸지만, 그 판결은 죄에 따라 부과되는 형벌이 사회적 유대와의 단절이라는 형태를 취할 수 있다고는 결코 상상할 수 없다. 그 부족의 법률을 위반한 인디언은 모든 그의 소유물 ― 텐트와 말 ― 의 파괴라는 선고를 받는다. 그러나 이 선고와 동시에 인디언 경찰은 그 인디언 범죄자에게서 빚을 지게 된다. 인디언 경찰들은 그 인디언 범죄자가 입은 고통, 즉 그가 형벌을 받기 이전에 가지고 있던 소유물을 파괴한 것으로 인해 당한 고통을 보상해야 하는 의무가 주어진다. 그 손해에 대한 배상으로서 경찰과 공동체는 그 범죄자에게 증여물을 제공하는데, 이로 인해 그 범죄자는 다시 한 번 집단에 대한 빚을 지게 되고 그 대가로서 또다시 일련의 증여물을 집단에 제공한다. 이렇게 경찰을 포함한 전(全) 공동체가 그가 형벌을 받았음에도 불구하고 다시 살아갈 수 있도록 도와줄 것이라는 점을 인식해야 한다. 이 같이 증여물과 그에 대한 대가로서의 증여물의 교환은 범죄와 그것에 대한 징벌에 의해서 생긴 처음의 무질서가 완화되어 질서가 되찾아질 때까지 계속되는 것이었다. 이 같은 관습은 우리들 자신의 관습들보다 더 인간적일 뿐만 아니라, 비록 우리가 이 문제를 현대 심리학의 측면에서 공식화한다고 할지라도, 더욱 조리가 서는 것이다. 형벌의 개념 속에 함축되어 있는 죄인의 '유아화(幼兒化)' 대신에 그가 어떤 종류의 보상을 할 수 있는 기회를 제공하는 것을 인정하는 것이 논리적인 것 같다. 만약 이것이 실천되지 않는다면 맨 처음의 조치는 효력을 상실해 버리고, 처음에 희망했던 것과는 정반대의 결과들을 초래할 수 있다. 이 같은 관계에서 생각한다면, 우리들이 행하고 있는 것처럼 죄인을 어린아이와 성인으로서 동시에 취급하는 것은 불합리의 극치라 하겠다. 즉, 우리는 죄인에게 형벌을 내림으로써 그를 어린아이로 취급하는 동시에, 모든 사후적인 위로를 거절한다는 점에서 그를 성인으로서 취급하는 것이다. 단지, 동료 인간들을 잡아먹는 대신에 그들을 신체적·도덕적으로 절단시킨다는 단순한 이유만으로 우리들이 하나의 '위대한 정신적 진전'을 이루었다고 믿는 것은 우스꽝스러운 짓이 아닐 수 없다.

─ 레비스트로스의 〈슬픈 열대〉 중에서

〈문제〉 글 (가)에는 어떤 편향된 관점이 들어 있다. 그리고 글 (나)에는 글 (가)의 관점을 비판할 수 있는 견해가 들어 있다. 글 (가)와 (나)의 관점을 요약하고, (나)의 관점에 서서 글 (가)의 관점을 비판적으로 논술하라.(1,600자 내외)

다락원 명작노트 017

크루서블

펴낸이 정효섭
펴낸곳 (주)다락원
초판 1쇄 인쇄 2007년 1월 29일
초판 1쇄 발행 2007년 2월 5일
책임편집 안창열, 김지영
디자인 손혜정, 박은진
번역 이진준
삽화 손창복

다락원 경기도 파주시 교하읍 문발리 509-1
Tel:(02)736-2031 Fax:(02)732-2037
(내용문의: 내선 520/구입문의: 내선 113~114)
출판등록 1977년 9월 16일 제300-1977-23호

Copyright ⓒ 2007, 다락원

값 8,500원

ISBN 978-89-5995-132-1 43740

패턴 따라 쉽게 쓰는 틴틴 영어일기 1, 2

❶ 일상생활 패턴정복
❷ 학교생활 패턴정복

중학교에 다니는 여학생과 남학생이 각각 일상생활과 학교생활
을 중심으로 1년간의 일을 쉽고 재미있게 쓴 영어일기. 중학생이
라면 누구나 한번쯤 겪어봤을 만한 일들을 바탕으로 한 다양한
일기 소재와 어휘가 제공되어 있기 때문에, 영어일기를 통해 영
작을 연습하려는 학습자에게 큰 도움이 될 수 있는 교재이다. 중·
고생뿐만 아니라, 중학 영어를 미리 예습하려는 예비 중학생들에
게도 아주 효과적인 영어 학습서로 강추!

☐ 정미선 지음 / 4·6배 변형 / 192면
☐ 정가 10,000원 (오디오 CD 1개 포함)

Teen Teen Diary (전3권)

❶ 매일 10단어로 뚝딱 중학생 영어일기

중1 수준의 어휘와 문장으로, 영어일기와 일상회화에 대한
감각을 익힌다.

☐ 정미선 지음 / 신국판 / 144면
☐ 정가 7,500원 (테이프 1개 포함)

❷ 매일 5문장으로 술술 중학생 영어일기

중2 수준의 어휘와 문장으로, 영어일기에 친숙해지고 자신감
을 쌓는다.

☐ 정미선 지음 / 신국판 / 152면
☐ 정가 7,500원 (테이프 1개 포함)

❸ 매일 내맘대로 쓱싹 중학생 영어일기

중3 수준의 어휘와 문장으로, 중학영어를 마스터하고 미국의
일상회화에 익숙해진다.

☐ 정미선 지음 / 신국판 / 144면
☐ 정가 7,500원 (테이프 1개 포함)

지니의 미국생활 영어일기 Hello! America (전2권)

❶ 가을학기 ❷ 봄학기

어느 한국 여학생의 미국생활 이야기를 일기 형식으로 담은 책.
1권은 '가을학기', 2권은 '봄학기'편으로, 총 1년간의 미국 학교생
활 및 일상생활에 관한 흥미로운 이야기들이 담겨 있다. 미국 학
생들의 실생활을 바탕으로 한 탄탄한 스토리로 살아 있는 현지
영어와 미국문화를 체험할 수 있을 뿐만 아니라, 영어 독해 및
영작 연습을 할 수 있는 아주 유용한 교재이다.

☐ 이지현 지음 / 국배판 변형 / 152면
☐ 정가 8,500원

영어 독해력 증강 프로그램

행복한 명작 읽기

〈행복한 명작 읽기〉는 기초가 약한 영어 초급자나 초, 중, 고 학생들이 보다 즐겁고 효과적으로 명작들을 읽으며 독해력을 키울 수 있도록 개발된 **독해력 증강 프로그램**입니다.

책의 특징

1 골라 읽는 재미가 있다. 초보자를 위한 350단어 수준에서 중고급자를 위한 1,000단어 수준까지 5단계 구성.
2 단계별로 효과적인 영어 읽기 요령과 영문 고유의 참맛을 느낄 수 있는 장치가 곳곳에.
3 읽기만 해도 영어의 키가 쑥쑥 - 해석을 돕는 돼지꼬리(⌒), 영어표현 및 문법 설명, 퀴즈가 왕창.
4 체계적인 듣기 학습까지. 전문 미국 성우들의 생동감 넘치는 원음을 담은 오디오 CD 제공.

왕초보 기초다지기

쉬운 영문을 통해 영어 독해에 대한 막연한 두려움을 없앤다.

Grade 1　　Beginner
350 words

1　미녀와 야수
2　인어공주
3　크리스마스 이야기
4　성냥팔이 소녀 외
5　성경 이야기 1
6　신데렐라
7　정글북
8　하이디
9　아라비안 나이트
10　톰 아저씨의 오두막

Grade 2　　Elementary
450 words

11　이솝 이야기
12　큰 바위 얼굴
13　빨간머리 앤
14　플랜더스의 개
15　키다리 아저씨
16　성경 이야기 2
17　피터팬
18　행복한 왕자 외
19　몽테크리스토 백작
20　별 | 마지막 수업

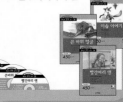

국판 | **Grade 1, 2, 3** 각권 **6,000원**
(오디오 CD 1개 포함)

Grade 4, 5 각권 **7,000원**
(오디오 CD 1개포함)

*어린왕자 **8,000원**
(오디오 CD 2개 포함)

고도를 기다리며 **9,000원
(오디오 CD 2개 포함)

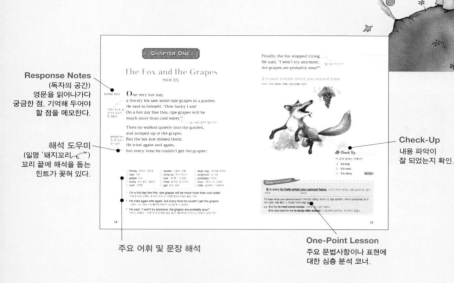

Response Notes
(독자의 공간)
영문을 읽어나가다가
궁금한 점, 기억해 두어야
할 점을 메모한다.

해석 도우미
(일명 '돼지꼬리')
꼬리 끝에 해석을 돕는
힌트가 꽂혀 있다.

주요 어휘 및 문장 해석

Check-Up
내용 파악이
잘 되었는지 확인.

One-Point Lesson
주요 문법사항이나 표현에
대한 심층 분석 코너.

실력 굳히기

실력에 맞게 효과적으로 끊어 읽으며 직독직해 훈련을 한다.

영어의 맛
제대로 느끼기

영문판 원서 도전을 위한
전 단계의 준비과정이다.

콕콕 찍어 들려주는 명작 리스닝 시리즈 [전20권]

세계 명작소설을 쉽게 고쳐 쓴 중·고생용 학습 교재. 독해와 함께 청취력 향상을 위해 전 내용을 녹음하고, 매 페이지에 리스닝 포인트를 두어 한국인이 듣기 어려운 부분은 또박또박한 발음으로 반복해 들려준다. 권말에는 영어듣기 테스트를 수록해, 입시에서 점점 비중이 높아지는 듣기시험에 대비하도록 했다.

□ 각 권 4·6판/140면 내외
□ 정가: 각 권 5,800원 (테이프 2개 포함)

① 이상한 나라의 앨리스 / 백설공주와 일곱 난쟁이
Alice's Adventures in Wonderland /
Snow White and the Seven Dwarfs

② 이솝 우화
Aesop Fables

③ 그림 동화집 / 잭과 콩나무
Grimms Fairy Tales / Jack and the Beanstalk

④ 재미있는 이야기 / 미녀와 야수
Famous Stories / Beauty and the Beast

⑤ 알라딘과 요술램프 / 이른 아침의 살인
Aladdin and the Magic Lamp / Dead in the Morning

⑥ 오즈의 마법사 / 흑마 이야기
The Wonderful Wizard of Oz / Black Beauty

⑦ 걸리버 여행기 / 쉽게 번 돈
Gulliver's Travels / Fast Money

⑧ 거울 속의 앨리스 / 정원
Through the Looking Glass / The Garden

⑨ 피터 팬
Peter Pan

⑩ 큰 바위 얼굴 / 크리스마스 선물 /
알리바바와 40인의 도적들
The Great Stone Face / The Christmas Present /
Ali Baba and the Forty Thieves

⑪ 돈키호테 / 헨리 포드 이야기
Don Quixote / Tin Lizzie

⑫ 로빈 후드 / 어느 병사의 죽음
Robin Hood / Death of a Soldier

⑬ 신문 배달 소년 / 긴 터널 / 몰리의 순례자
Newspaper Boy / The Long Tunnel / Molly Pilgrim

⑭ 언덕 위의 집 / 헤라클레스
The House on the Hill / Hercules

⑮ 우주 도시로의 여행 / 요술 정원
Journey to Universe City / The Magic Garden

⑯ 마르코 폴로 / 크리스토퍼 콜럼버스 /
올리버 트위스트
Marco Polo / Christopher Columbus / Oliver Twist

⑰ 삼총사 / 레슬러
The Three Musketeers / The Wrestler

⑱ 불의 전차
Chariots of Fire

⑲ 런던 경시청 이야기 / 아서 왕
The Story of Scotland Yard / King Arthur

⑳ 도난당한 편지 / 붉은 머리 사교회 /
트래버스 씨의 첫사냥
The Stolen Letter / The Society of Red-Headed
Men / Mr. Travers First hunt

Notes

Notes

Notes

Notes